La Vestale végétale

Du même auteur

La Fleur de Bach. Récit émotionnel d'une quête de grossesse, Michalon, 2018.

9, rue de l'École-Polytechnique – 75005 Paris
www.michalon.fr
ISBN : 978-2-347-00287-9

Ella Blissova

La Vestale végétale

Ou comment faire surgir la magie au quotidien

Michalon Éditeur

À mon étoile internelle
À Bruno et à Vito, mes compagnons de jeu.

« Quelqu'un m'a demandé : as-tu une âme ?
Je lui ai dit que j'en avais une. Je lui ai dit que
je croyais en son éternité et en sa beauté.
Mais il a continué à m'interroger : est-ce que l'animal
a une âme ? Et je lui ai répondu qu'il en avait une.
Mais lui, continuant : est-ce que l'arbre a une âme ?
Et je lui ai de nouveau répondu qu'il en avait une.
Il s'est mis en colère et dans sa colère m'a demandé :
la pierre aussi ? Et, quand je lui ai répondu
qu'elle en avait une, il s'est détourné de moi.
Comme les hommes sont étranges parfois !
Quand je leur dis que l'Univers et l'âme de l'Univers
sont comme le ciel et la mer se reflétant l'un
dans l'autre, ils le croient. Mais, quand je leur
dis que tout phénomène a son rayonnement
dans le scintillement cosmique de l'âme, ils ne
le croient pas, et parfois il est pourtant vrai que l'âme
de la pierre est plus belle que celle des hommes. »

Srečko Kosovel[1]

1. Dans « Ouvert », Srečko Kosovel, *Pensées et poèmes choisis*, traduit par Zdenka Štimac, aux Éditions franco-slovènes et Cie, Montreuil, 2022.

Prologue

Au temps jadis, quand, jeune boursière de l'Alliance française, j'ai visité Paris pour la première fois, à notre descente du train Gare de Lyon, un parfum délicieux a envahi mes narines. C'était surprenant que cela *sente bon*, car on connaît les odeurs de gare… Puis on s'est retrouvées au carrefour de Buci avec mes copines, j'ai regardé la foule bigarrée autour de moi, les cafés et les librairies, j'ai pivoté sur mon axe en lançant les bras à l'horizontale et me suis exclamée : « Si je suis obligée de vivre à Paris, c'est *là* que je veux vivre. »

À la fin de mes études, lors d'un stage à Dubrovnik, je suis tombée amoureuse de ce Parisien qui est devenu mon premier mari. Avec lui et ses filles, on a habité plein de coins différents, déménageant parfois à la cloche de bois, puisqu'un écrivain et une traductrice avec deux lycéennes à charge, ça ne gagne pas toujours assez pour le loyer. Quinze ans plus tard, les filles ont fini leurs études, et moi, lasse de la bohème désargentée avec mon pervers narcissique, je me suis engagée dans un job salarié. On s'est séparé, et j'ai trouvé un studio à louer… rue Guénégaud, tout près de la rue de Buci !

Et comment j'ai emporté le morceau ? Après la dispersion de ma première famille, ma vie ressemblait à un champ de ruines. Tout était à recommencer ! J'ai visité un appartement dans une rue résidentielle au fin fond du XVIIe et me suis fait la réflexion qu'étant célibataire, plutôt mourir qu'habiter un quartier tranquille. Mon seul périmètre restait le centre, de préférence la rive gauche. Je voulais être là où ça se passe ; un quartier qui vit jour et nuit et surtout à ne pas avoir à rentrer en métro. Dormir ? On verra quand je serai vieille… Je n'ai donc plus rien visité en attendant qu'une annonce paraisse dans le centre de Paris. Le jour où il y en a eu une, je m'y suis précipitée à l'heure dite pour la visite, pour constater que nous étions nombreux ! Au moins quarante prétendants se marchaient sur les pieds dans ce quarante mètres carrés, et il en venait encore. J'ai tout de suite compris que c'était ça qu'il me fallait et qu'après tous les déboires conjugaux, *37 ans et toujours pas d'enfants*, c'est là que je planterais mes racines. Il fallait agir vite si on voulait avoir une chance. J'ai donc fendu la foule pour aborder la dame en charge. Devant elle une pile de dossiers s'accumulait de plus en plus haute. Il fallait qu'elle me *voie* parmi tous ces gens, qu'elle se souvienne de moi, alors je l'ai saluée avec déférence et je lui ai dit de but en blanc, droit dans les yeux que « *cet appartement il me le fallait, c'est moi qui en avais besoin* », comme si ma vie en dépendait. Que j'avais un salaire correct dans une institution vénérable et qu'une antiquaire avec pignon sur rue dans le Carré

Rive Gauche pouvait signer ma caution. L'intonation de ma voix l'a saisie, elle a pris mon dossier et m'a dit que les finalistes allaient être convoqués samedi. Deux jours plus tard, elle m'appelle, youpi ! J'ai couru allumer un cierge à sainte Rita, patronne des causes désespérées : mes affres locatives en faisaient partie. Le jour dit, je mets mon tailleur le plus strict et ma chemise blanche la plus blanche et je vais à Convention chez la dame qui détenait les clés du paradis. Elle m'a servi un café et, un peu amusée, elle m'a demandé pour quelle raison j'étais si sûre que ce petit deux-pièces était pour moi. « Eh bien, lui ai-je confié d'un air navré, je suis sur le point de divorcer d'avec un écrivain roumain, je me suis occupée de ses enfants, mais il ne m'en a pas fait à moi, alors il me faut tout recommencer. » À ces paroles, ses yeux se sont allumés : « Ah, je vous comprends, ma petite dame ! moi aussi j'ai épousé un romancier albanais. Ah, ces Balkaniques ! Ce ne sont pas les plus faciles, mais le mien, je ne vais pas le laisser : je suis trop âgée maintenant pour refaire ma vie. Tandis que vous, vous êtes encore jeune, alors allez-y ! La vie est devant vous. Foncez et je vous souhaite bonne chance ! À présent cet appartement, il est pour vous ! »

C'était la première fois de ma vie que j'avais affaire à la solidarité féminine !

J'ai habité avec bonheur rue Guénégaud, en face d'un magasin de minéraux de collection, et à l'angle des Beaux-Arts où la fanfare faisait la fête tous les vendredis. La Seine qui coulait à deux pas sous le Pont des Arts est devenue une amie (c'est elle que j'ai le plus regrettée en partant). Chaque fois en sortant de chez moi, je me pinçais tant je me sentais incrédule en passant devant les Chagall et les Picasso dans les vitrines du quartier. J'en ai profité pour me reconstruire, pour éviter de recommencer les mêmes erreurs que par le passé. Ce travail ne se fait pas en une nuit, cela m'a pris quatre ans. Ensuite, j'ai rencontré Arno.

I.
Les couleurs de la Déesse

« L'Univers est vivant dans toutes ses manifestations, comme un animal pensant. La pierre est un être pensant et sensible, comme les plantes, les bêtes et l'homme. L'étoile qui brille demande d'être vue et si nous n'étions pas si absorbés en nous-mêmes, nous comprendrions son langage et son message. »

Nikola Tesla

L'olivier et la marguerite

À cette époque, notre petit trois-pièces à Montparnasse est envahi de verdure. Arno, ce vrai citadin qui ne distingue pas un platane d'un cyprès, clamait avant même de m'épouser : « Au 52e pot de fleurs, je divorce ! » (Du coup, nous n'osons plus compter les pots…)

Comme souvent chez des gens qui aiment les plantes d'intérieur, celles-ci se muent parfois en fétiches. Soudain, certaines d'entre elles attrapent des significations symboliques. Une attitude que Jung qualifierait de « participation mystique » ou Lévi-Strauss de « pensée magique ». Cela s'impose tout seul. En dépit des efforts de cette bonne Gertrude Stein qui se tuait à nous dire *A rose is a rose is a rose is a rose…*

Par exemple, le *ficus benjamina* que j'avais acheté petit arbuste décoiffé et qui, vingt-cinq ans plus tard, est devenu ce bel arbrisseau délié, déployant gracieusement ses feuilles lancéolées dans un grand pot de ciment gris. Me suivant dans tous mes déménagements, il s'est imposé avec le temps dans le rôle de mon arbre totémique. Une sorte de jumeau végétal, il représente symboliquement ma vie.

Ce n'est pas anodin. Un beau jour, je me suis rendu compte que ma mère en son temps déjà possédait un ficus totémique. Et que ma sœur en a toujours un ! Celui de maman, quand il s'est mis à péricliter, nous savions qu'une chose irréparable s'était produite dans sa vie. Elle est morte peu après ! Quant à Lana, ma sœur, elle a récupéré le sien laissé pour mort devant le siège d'une banque et clame qu'il est comme elle, mis au rebut de la société de consommation. Des ficus transgénéalogiques alors ?

Un autre cas – la liane trouvée dans un appartement de ma vie d'avant. Les précédents locataires l'avaient laissée derrière avec un petit mot : *Ce caoutchouc a 27 ans. Ne voulant pas le déplacer, nous le confions à vos bons soins.* C'est un philodendron, *monstera déliciosa*, ses jeunes feuilles, avant de se perforer en grandissant, forment des cœurs parfaits. Est-ce pour cela qu'il a fini par figurer à mes yeux le mariage ? Car, contrairement à ses précédents soigneurs, je n'ai pas hésité à l'embarquer après avoir divorcé. Il s'est un peu déplumé, puis s'est adapté. Un beau matin, rue Guénégaud, dans mon petit chez-moi de fraîche célibataire, l'observant depuis mon lit se lancer à l'assaut de la fenêtre, soudain cette idée irrationnelle m'est venue : « Tu te remarias quand cette liane touchera le plafond. » Comme Mary Poppins, qui est venue avec le vent d'Est et prévoyait de s'en aller quand il tournerait. Et comme Mary Poppins était emportée par le vent d'Ouest, Arno est entré dans ma vie quelques années plus tard, au moment même où une branche de ce sympathique *monstera* a buté contre le plafond...

L'olivier, quant à lui, est arrivé dans le jardin suspendu par la grâce de Krissy, ma belle-mère, admirant ma main verte. Il était simplement là, à briller de ses feuilles vert-de-gris sous le ciel parisien, jusqu'au jour où mon père est mort et que nous sommes allés en Slovénie pour l'enterrer. À notre retour, ô désastre, l'olivier gisait là, renversé au travers de toutes les plantes, sa frondaison dépassant du toit, se mouvant comme une chevelure dans le vide au-dessus de la cour. Oh là là, les voisins, ai-je pensé. Dans le courrier, le mot d'un voisin outré nous informait que l'arbre était tombé jeudi après-midi, par une forte tempête, succombant à un coup de vent. Au moment même où le corps de feu mon père avait été porté en terre ! Il ne m'en fallait pas plus. Désormais, cet arbre évoque l'esprit de mon père !

Dans la végétation sur le toit se trouve aussi un buisson aux feuilles finement dentelées, qui a fleuri une seule fois, au moment de l'achat... C'était quand ma mère est morte. Les marguerites comptaient parmi ses fleurs préférées, alors je l'ai posée là à son intention. Après cette première floraison, elle n'a plus rien fait pendant deux ans. Pour abonder du côté maternel, les *anthémis* sont de la famille des camomilles et que la camomille sauvage, tisane de réconfort de base chez le Slovène, se nomme en France matricaire, du latin *matrix*, utérus.

Eh bien, de retour de Slovénie après la disparition de mon père, cette *anthémis* à fleurs de pâquerette s'est remise à fleurir. D'abord quelques bourgeons apparurent, quelques fleurs s'ouvrirent timidement, puis elle se couvrit de fleurs blanches au cœur jaune, de plus en plus nombreuses. Cela n'arrêtait pas, ce n'était plus une floraison, ce fut un feu d'artifice ! Je l'ai placée à côté de l'olivier « paternel » et soudain, la chanson des Turtles a résonné dans ma tête *"So happy together…"*. Tiens, tiens, c'est ma mère qui accueille mon père au ciel, me suis-je dit. De leur vivant, ils s'en sont fait voir des vertes et des pas mûres, mais dans une certaine conception de la vie, peut-être était-ce une convention entre eux, à un niveau supérieur, un moyen pour se faire mutuellement avancer dans l'école de la vie…

Et que l'on ne vienne pas me dire que cette *anthémis* a fleuri simplement parce que c'était le printemps. Ce serait sans compter sur quatre ou cinq pots témoins de cette même espèce que Marie-Laurette, une Américaine un peu toquée, a disposés dans la cour de notre immeuble. Ceux-là fleurissent avec douceur et régularité durant toute la belle saison. Mais jamais encore ils n'ont fleuri au mois de mars ! Alors que la marguerite « maternelle », j'ai beau l'arroser, la soigner, lui donner de l'engrais, depuis cette floraison exceptionnelle en forme de feu d'artifice au moment de la naissance au ciel de mon père, plus rien ! Pas le moindre petit bourgeon…

Le faune du peuplier

En pleine averse, j'attends qu'Alexandra descende du cinquième étage pour aller déjeuner dans le bistro d'à côté. Pour me protéger de la pluie battante, je me blottis dans le coin de la porte cochère. J'observe la beauté des trombes d'eau qui tombent du ciel et le panache des peupliers plantés sur le quai de la Seine plus bas, secoués par les rafales, le feuillage vert argenté qui fait *chchchch* en s'agitant frénétiquement dans le vent, comme des myriades de petits drapeaux.

Le chef de file, le premier arbre de la rangée côté Pont-Neuf, est majestueux. Plus haut et imposant que les autres. Son port est altier, son tronc puissant s'élance vers le haut dans un mouvement spiralé, c'est un arbre-maître, il est exceptionnel. En l'admirant ainsi, presque en état de vénération, l'idée me vient qu'un si bel arbre est sûrement habité par un être élémentaire. Oui, c'est sûr, il doit avoir son faune. Mentalement, je lui fais la révérence. Puis je pense à comment entrer en contact avec lui, alors que cela ne m'est encore jamais arrivé.

J'ai appris l'existence réelle des faunes, fées, nymphes et lutins grâce au livre *À la rencontre des êtres élémentaires*[2] de l'artiste slovène Marko Pogačnik. Lors d'un atelier à Paris, pour attirer l'attention des élémentaux, puisque nous sommes invisibles les uns pour les autres, il nous a suggéré de jouer avec. Sinon, comme nous ne les voyons pas, eux non plus ne nous voient pas. Faire une visualisation enjouée, ludique, par exemple, leur jeter une balle dorée imaginaire.

Je m'adresse donc avec mon intention au faune supposé de ce magnifique peuplier, et lui jette une balle d'or, en joignant le geste à la pensée. Et là, ô surprise ! en réponse, je suis gratifiée par un… enlacement invisible ? Un bras imperceptible s'étire depuis le houppier de ce beau peuplier, il m'enlace autour du cou et des épaules, il me recouvre comme un châle d'amour ! Je suis entourée d'une chaleur qui ne se voit pas, mais elle est bien là ! Si je devais décrire ce « bras », ce serait un peu comme cette colonne d'eau transparente, cet être tubulaire dans *Abysses* de James Cameron, en moins dense. Un bras incroyablement affectueux, une chaleur de cœur, une sorte de concentré d'amour !

J'en suis totalement retournée, c'est mon premier contact avec un être élémentaire (et qui reste à ce jour le plus puissant). Les jours d'après, que dis-je, des semaines, je traverse ma vie comme transportée, accompagnée partout par la sensation de cette douceur invisible autour de mes épaules.

2. Publié par le Mouvement de culture biodynamique, Colmar, 2006.

Le ciel sous nos pieds

Quelques semaines après cette fabuleuse rencontre avec le faune du peuplier, le premier stage de *géaculture* se tient à Laboissière. Les enseignants, Florian et Kirsten, deux Allemands versés dans cet art d'écologie holistique et spirituelle, nous ont proposé des exercices de perception qui nous ont fait « rencontrer » d'autres êtres appartenant au monde des contes de fées qui existent vraiment, sauf à d'autres niveaux de notre réalité multidimensionnelle, imperceptibles pour nous dans notre vie quotidienne.

La géaculture, approche artistique de la Nature qui part du principe que notre Gaïa est une entité consciente avec laquelle l'humanité doit entrer en relation adulte[3], est devenue une part essentielle de ma vie suite à un accident de parcours professionnel. Après douze ans d'activité soutenue, à la faveur d'un changement de direction, je me suis retrouvée du jour au lendemain dans un placard étanche. Il a fallu réorienter mon énergie volcanique.

3. *Le Manifeste de la Géaculture* se trouve sur ce lien : http://www.markopogacnik.com/

Parfois, quand la vie ferme une porte, elle ouvre une fenêtre ! Elle m'a envoyé la très sympathique Monique Perrot, une femme puissante, éditrice française de Marko Pogačnik (mon artiste slovène préféré) en rendez-vous professionnel. Je connaissais bien l'œuvre de ce sculpteur conceptuel qui sonde les paysages endommagés et soigne la Terre par la lithopuncture : des pierres levées, disposées à des endroits névralgiques de sites à guérir, comme l'acupuncture le fait pour le corps. Les éditions Triades venaient de publier trois de ses titres en français, *Déclaration d'Amour à la Terre, Géographie sacrée* et *Paris entre visible et invisible* et l'éditrice s'adressait à notre représentation culturelle à la recherche de soutien pour promouvoir ces œuvres auprès du public français.

Nous nous sommes entendues comme des larronnes en foire et sommes rapidement tombées d'accord sur un programme de conférences et de stages, à l'UNESCO et ailleurs, et pourquoi pas une formation au long cours, pour apprendre l'art et la manière d'entrer en contact avec les êtres de la nature, les pierres, les plantes, les animaux et les présences invisibles. *Si tu prêtes l'oreille, même les pierres parleront*[4].

D'après Marko, pour atteindre le spirituel, il ne faut pas trop s'élever. La source de la vie est au fond, et c'est là que nous devons nous relier, nous ancrer spirituellement dans la terre pour construire une nouvelle civilisation. (Tout comme Jung affirmait que les humains ne trouvent pas Dieu parce que nul ne se penche assez bas.) Alors que les religions monothéistes nous incitent à nous tourner

4. *Dialogues avec l'Ange.*

vers le ciel chaque fois qu'on cherche l'Esprit saint, l'art de Marko remet la Terre au cœur du sacré et du spirituel. Comme tout est rond, le ciel est aussi sous nos pieds, n'est-ce pas ? Et Gaïa, vue de loin, fait partie de l'Univers, donc du ciel, sa matière est tout aussi sacrée que les nuées angéliques. *Tout ce qui est en haut est comme ce qui est en bas*, disait déjà Hermès le trois fois grand.

Le galop d'essai de Hagia Chora France[5] a eu lieu un week-end ensoleillé à la Saint-Michel. Nous étions vingt-deux, onze femmes et onze hommes, disposés en cercle dans un somptueux jardin, autour du cosmogramme de Hagia Chora confectionné pour l'occasion en terre cuite glacée d'émail violet. La parité est assez rare dans ce genre de groupes pour être mentionnée, et quand nous nous sommes présentés les uns aux autres, il en venait de Bretagne et d'Alsace, de Troyes et de l'Allier, de Lille et de Provence, des Pyrénées et de Belgique. Nos lieux d'origine maillaient le territoire et comme par métonymie, moi, *l'estrangère*, je tenais pour Paris. J'avais la nette impression que les forces puissantes se mettaient en branle. Au téléphone le soir, Arno riait de bon cœur devant mon émerveillement – fais-toi des amis, on pourra leur rendre visite, tous ces illuminés seront faciles à trouver, ils brilleront comme des torches dans la nuit.

Nous avons commencé par quelques exercices de Gaya Touch, méditations corporelles proposées par Marko dans le but de nous ouvrir à la perception des forces et des êtres des *lieux*. C'est *le lieu* en son entier

5. https://www.agora.paris/IMG/pdf/dossier_pogacnik.pdf

en tant que *holon* que l'on aborde dans ce contexte, car tout dans la nature est habité d'une forme de conscience. Les Anciens parlaient de *genius loci*, le génie du lieu. Le holon, toujours composé de cinq éléments : terre, air, eau, feu et éther, est un concept de base dans ce land art, une unité de vie remplie d'âme ! Un lieu englobe aussi bien les visibles : humains, animaux, plantes, minéraux, que les invisibles : les êtres élémentaires des quatre éléments, fées, lutins, dragons, géants… Notre Gaïa est une immense créatrice, elle s'exprime par les paysages, ce sont ses créations et son langage. À un endroit où une qualité particulière doit se révéler, le paysage la manifeste par un arbre ou une pierre particulière, une source miraculeuse, un amas rocheux pittoresque, un bois très habité… Parfois, il s'agit d'un processus de longue haleine, une figure d'érosion qui a mis des éons à naître, ou alors cela surgit dans l'instant : un souffle de vent, un cri d'animal, un oiseau qui s'envole… Tout est *conscience* et tout est langage !

L'activité humaine, guerres, productivisme, extractivisme, agriculture industrielle, emprise urbaine – tout cela traumatise les territoires. Les lieux en gardent la mémoire[6], et c'est là que la géaculture s'avère utile. Elle s'exerce toujours en groupe, les endroits blessés sont abordés en collectif.

En arrivant sur un site, nous nous accordons un temps d'exploration personnelle, chacun étant attiré par des aspects différents, puis on se retrouve en cercle pour mettre nos ressentis en commun. Et là, ô merveille ! nos bribes de perceptions individuelles, nos pauvres petites

6. Il existe en France l'ANPU (Agence nationale de psychanalyse urbaine), pour réparer les mémoires des villes traumatisées !

intuitions furtives qui chacune pour soi resteraient nues et incompréhensibles, une fois mises bout à bout, se révèlent harmonieuses, complémentaires et connectées ! Elles finissent par broder une mosaïque cohérente, un tableau d'ensemble compréhensible à tous. Et à partir duquel une action concrète peut être menée pour équilibrer, apaiser, dévoiler la vraie nature du lieu, le réinstaurer dans sa puissance enfouie. Grâce à ce tissage collectif, un holon endommagé se révèle dans sa réalité, car le groupe crée un champ d'intérêt puissant qui le soutient, ce qui fait qu'un site bloqué par les traumas peut redevenir une source de vie.

Ce travail dans la nature nous inspire un sentiment d'accomplissement et de plénitude. C'est ce que Matthieu Ricard nomme le bonheur eudémonique. À chacune de nos déambulations de géaculture, je me sens toute brassée, comme une enzyme, comme le levain, excitée et euphorique en vue de faire lever le pain qui nourrit !

La licorne, les lutins et autres « petites gens »

Pour les débutants de la réceptivité intuitive que nous sommes au début de cette formation, le focus est mis sur le *se faire confiance*. Il ne faut pas voir pour le croire, c'est trop facile, la devise serait plutôt *il faut croire pour le voir*. Si un humain traverse un espace avec sa pleine attention, c'est un cadeau pour le lieu qui, du coup, nous rend quelque chose en retour. Selon Jonathan Black: « Dire que nous vivons dans un univers sans réciprocité est inutilement cruel. »

Lors d'une visualisation où l'on nous a demandé de nous faire pousser des racines pour mieux nous relier à Gaïa, je m'installe dans le bosquet de merisiers dans le splendide Jardin des Heures et m'applique à bien développer mes racines. Je prends mon temps, j'aimerais être ancrée, j'en fais pousser une épaisse, bien droite, fichée profondément dans le sol, puis cinq autres en étoile, pour être en parfait équilibre, afin que personne ne puisse me déstabiliser (j'en bave au bureau en ce moment...) Puis je rajoute tout un réseau de fils fins argentés, symboles de ma sensibilité et de mes liens avec tout ce qui est.

Entièrement absorbée par ma tâche, voilà qu'une présence enjouée me surprend. Avec mes yeux intérieurs, j'aperçois une biche qui bondit comme un chien autour de moi… Elle porte une corne sur le front. Elle fait un tour puis deux autour de moi, sautillant de joie, et me demande rieuse : « Et toi, quel arbre es-tu ? Pourquoi tu joues à l'arbre ? »

C'est la licorne ! De la taille d'un daim ou d'un dogue danois, elle m'a prise par surprise, surtout qu'elle n'était pas du tout comme ce cheval blanc de l'iconographie traditionnelle.

Pendant une autre marche méditative dans les bois, j'ai été guidée par un duo de lutins, « petites gens » de l'élément terre, qui tourbillonnaient autour de moi. Pour entrer en contact, je leur ai offert l'image des gobelets en verre coloré de Murano dont je raffolais, enfant. Du coup, ils me suivent partout, trouvant ma compagnie fort amusante. Pensez, une humaine qui subodore leur existence, on ne se prive pas du plaisir !

Quand je raconte mes perceptions à Florian, comme pour chercher une confirmation de leur réalité, sa conclusion est simple : « Si c'est beau et que ça te parle, c'est vrai ! »

Un jour que Monique (organisatrice clairvoyante de la formation Hagia Chora, dotée d'une grande facilité à percevoir les élémentaux) a passé la nuit chez nous à Paris, elle m'a énuméré au réveil les invisibles présents dans notre lieu de vie : un gnome dans le jardin sur le toit, deux lutins d'école dans la chambre de notre petit Nino, (lequel Nino a immédiatement réagi, exaspéré : « Mais mamaaan, tu sais bien que les lutins n'existent pas ! »), et un nain de la 5e dimension – éther de musique – dans le bureau d'Arno, mon mari qui est compositeur. Le gnome, je l'aurais « attrapé » par mégarde un jour que j'avais rapporté de la forêt un cotylédon de châtaignier pour le planter chez nous. Selon Monique, il souffre de solitude, elle suggère de lui installer un compost pour faire venir des copains, esprits de feu, et lui apporter de belles pierres pour qu'il joue, afin de compenser le manque de terre sur ce toit de tôle entre trois murs où poussent des plantes en pot.

Nous avons donc ramené de nos vacances de la Toussaint en Normandie de la terre bien grasse de la forêt d'Eawy, et aussi des cailloux pittoresques, des silex de la plage de Dieppe, pour consoler le gnome esseulé. En rentrant tard le soir, j'ai juste posé le sac de terre et des pierres sur le rebord de la fenêtre qui donne sur le toit, dans l'attente du moment où je pourrais arranger tout cela.

Le lendemain matin, c'est mon anniversaire et je me réveille avec la vision intérieure du gnome qui bondit de bonheur ! Il fait des galipettes, des roulades de joie d'un bout à l'autre de ce petit toit encaissé de quinze mètres carrés ; il saute dans les coins, passant par toutes les jardinières, il grimpe le long des murs comme un acrobate puis fait un saut périlleux vers l'olivier…

Je me secoue en disant, non, mais, je rêve.

Puis pendant la méditation matinale, quand je fais le calme, la vision du gnome bondissant me revient, forte et insistante. Alors j'essaie de « voir » comment il est. Rond, un chapeau mou pointu, deux jambes, peut-être trois, il bouge si vite qu'on ne distingue pas bien, mais il transmet une joie exubérante et un bonheur à toute épreuve, comme s'il sautait pour me transmettre ses remerciements muets mais très dynamiques.

Conclusion, grâce à la géaculture, mon monde devient bien plus vaste et plus varié, plus riche et plus passionnant que notre pauvre 3D étriqué. Cette formation sur deux ans a profondément ébranlé mes certitudes quant à la vraie nature de notre monde matériel.

Le dimanche soir, comme après chaque week-end d'absence, mon Arno m'attend sur notre canapé rouge, friand de découvrir la moisson de photos de troncs tordus et de rochers à visages, et surtout d'entendre le récit de ce qu'il appelle mes « visions ». Il est content pour moi d'avoir trouvé ma voie, une activité qui me réjouit le cœur et l'âme. Une aubaine pour lui aussi, cette Hagia Chora, le compositeur introverti qui n'aime rien tant que rester dans sa tanière (son studio est dans notre chambre !), ne surtout être dérangé par personne pour se vouer corps et âme à sa musique. Mes loisirs s'organisent enfin tout seuls, plus besoin pour lui de se casser la tête à inventer les sorties familiales. En plus, avec la vie trépidante du groupe et les coups de fil entre les sessions, mes besoins de contact humain et de vie sociale sont couverts, plus besoin d'organiser des dîners ou de sortir.

Une aubaine, je vous dis !

La boucle rouge d'Arduinna

En ce mois de janvier, me voilà à Orval pour un weekend de travail avec un petit groupe de camarades dans le but de renouer avec le féminin sacré. Nous sommes dans les Ardennes. Le toponyme vient d'Arduinna, une Diane chasseresse celte, divinité de la faune échevelée chevauchant un sanglier. La *Arduenna sylva*, à cheval sur l'actuelle France, la Belgique, le Luxembourg et l'Allemagne, fut au temps jadis le plus vaste massif forestier de la Gaule antique. Divinité celte de la faune, Arduinna s'est muée en déesse gallo-romaine de la chasse et des bois, protectrice de la forêt d'Ardennes sous le nom de Diana Arduinna.

Nous montons sur son ancien lieu de culte, désormais rebaptisé Ermitage de Saint-Walfroy, du nom de l'homme qui a christianisé ce haut-lieu païen. Comme souvent, Rome a préempté le sanctuaire de la Déesse. La colline escarpée donne sur la belle campagne vallonnée. La voilà coiffée d'une église de pèlerinage moderne qui s'avère être une horrible halle remplie de bondieuseries sulpiciennes. Ça va être dur de retrouver du féminin sacré là-dedans… Comme un chat qui cherche sa place, je parcours dans tous les sens les environs de ce bâtiment moderne, puis je finis par m'installer sur un tas de ruines anciennes qui s'écroulent sur un talus. Après un moment de calme et de vide mental, l'idée me vient de demander à Arduinna si elle est là. Dans une fulgurance s'imprime alors devant mes yeux intérieurs *une boucle rouge à l'envers*, exactement comme le petit ruban rouge vif que les militants antisida s'épinglent au revers, sauf que la tête est en bas. Intriguée, je remercie pour cette réponse dont le sens m'échappe pour l'instant.

De retour à Paris, je mouline pendant des semaines la signification de cette maille, en guettant des indices, sans succès. Cette « boucle rouge d'Arduinna » serait-elle une rune ? Ce n'est qu'à la veille de mon retour dans les Ardennes, tandis que nous sommes attablées avec Alexandra, qui connaît les runes, pour déjeuner dans une ruelle parisienne, que je peux enfin lui poser la question. Je lui sors le dessin qu'elle reconnaît sans hésiter. « C'est *Othel! Othel* à l'envers. *Othel*, c'est la dernière rune, elle signifie *la maison, le patrimoine, les possessions matérielles.* »

Je suis frappée en plein cœur ! Quand je dis en plein cœur, c'est à prendre au mot. D'habitude, une surprise m'atteint plutôt au niveau du plexus solaire, mais là, quand mon amie évoque la maison et le patrimoine, cela fait tellement sens avec la situation, l'énigmatique image d'Arduinna est une réponse si limpide que le chakra cardiaque, au milieu de la poitrine, me brûle littéralement !

Alexandra explique qu'inversée, cette rune signifie la dépossession, peut-être même une dépossession magique. « Soit cette force symbolisée sous le nom d'Arduinna te communique elle-même qu'elle a été chassée de cet endroit, soit ce sont les prêtres venus s'emparer de la colline qui ont intentionnellement bloqué cette énergie de la nature et de la Déesse pour y installer autre chose. Le résultat est le même. Une dépossession. »

Ce renseignement me bouleverse. La maille rouge était donc un vrai message ! Si j'ai obtenu une réponse à la question que j'ai posée, il est maintenant de ma responsabilité d'agir. Sur les hauteurs ardennaises de l'Ermitage de Saint-Walfroy, il subsiste visiblement une présence mécontente du cours qu'ont pris les choses et il s'agit de trouver un moyen de les harmoniser, car c'est cela le but de la géaculture. « Tu as vu, s'exclame Alexandra qui considère que l'humanité évolue avec une lenteur insoutenable, deux mille ans sont passés et cette force est toujours là ! Toujours ! Rien ne disparaît, rien, tout est encore là. Le monde est tellement multiple. »

Quand on travaille sur un lieu qui connaît une problématique, il existe toujours une facette qui nous concerne intimement, et nous oblige à nous confronter à nous-mêmes. *On ne soigne pas les lieux sans soigner l'humain et vice versa.* L'être humain n'est pas extérieur à la réalité, il est plongé dedans, il en fait partie. L'objectivité extérieure à laquelle prétend notre dualisme occidental n'existe pas. Les notions de *maison* et de *dépossession*, charriées par la boucle rouge me parlent au-delà de toute mesure.

Notre appartement est petit, notre fils préado n'a pas une vraie chambre, et moi, je n'ai pas de lieu de travail. Solution : soit les travaux, soit l'achat de l'appartement du troisième étage. Celui-ci, qui dispose d'une chambre en plus, est habité par une dame de cent deux ans, qui a récemment évoqué la possibilité d'une vente. Si je me sens « dépossédée », c'est que son appartement est doté non seulement d'une petite terrasse, mais aussi, par elle, de *l'accès direct* sur le toit de l'immeuble ! Cent cinquante mètres carrés de terrain plat, à une période où la Ville de Paris distribue des subventions à qui veut pour végétaliser les toits ! Dès l'instant où la voisine centenaire nous a parlé de partir, un potager collectif a poussé devant mes yeux… Vivre là-haut m'instituerait *ipso facto* la reine des toits, alors que sinon, je devrais passer par des pourparlers laborieux avec les vioques endurcis de la copropriété qui ne voient en un jardin que de la dépense, les fuites et les feuilles qui bouchent les conduits… Quand on voit mes fenêtres envahies de clématites, le toit de la loge devant notre cuisine, transformé en forêt vierge habitée par un gnome et un faune, et qu'en plus de tout cela, je m'occupe des jardinières dans la vaste cour de l'immeuble, on comprendra que je suis au fond du fond une fée de la nature frustrée de vivre en ville.

Question « dépossession » : depuis que nous avons emménagé dans notre premier étage, je regarde tous les jours que la vie me prête le toit plat d'en face avec le regret que rien n'y pousse… Et pendant que je bous d'impatience, mon Arno, au lieu de négocier avec la vieille dame, se comporte comme si cela ne le concernait pas.

Walfroy versus Arduinna

Suite à cette révélation, je reprends mon carnet de notes prises dans les Ardennes cet hiver. Je constate qu'au lendemain de ma très fugace « vision », notre petit cercle de cinq personnes s'est livré à un Gaya Touch dans le jardin du gîte. Pendant nos mouvements, devant mes yeux, une étoile à cinq branches s'est transformée en une drôle d'arabesque circulaire – les cinq pointes du pentagramme se sont arrondies en mailles orientées vers l'intérieur… Résultat : cinq boucles d'Arduinna dans un cercle ! Déjà dans mon cahier ! Mon moyen d'harmonisation est tout trouvé – à partir de cette figure, je créerai un *cosmogramme* que l'on posera en offrande à notre prochaine visite dans les Ardennes au mois de juin.

Quand je me mets au dessin, l'idée surgit que le mot *boucle* donne le *bouclier*. Vive la langue des oiseaux. Mais c'est bien sûr ! Pour protéger le féminin sacré, il faut faire un *bouclier d'Arduinna* ! Si mon dessin est reporté sur une surface bombée, toutes les boucles seront dressées vers le haut ! Dimanche matin, c'est l'atelier de poterie, Nino m'aide avec un saladier à confectionner un beau dôme en argile. Et pour remplir les sillons de rouge, comme les blessures se soignent avec de la douceur, les runes seront dessinées avec des bonbons rouges : les rubans à la fraise des Schtroumpfs, qui sont bien des lutins ! De toute façon, l'idée n'est pas de charger la nature avec un objet pérenne (à la longue transformé en déchet), mais de créer un outil destiné à informer le lieu de sa valeur première, à l'aide de l'intention consciente de cinq humains, et relancer ses énergies d'auto-guérison. Puis laisser la chose se désagréger en douceur.

C'est seulement après ce travail que j'ai pensé à me renseigner sur Walfroy. Ce que j'ai appris m'a confirmée dans la nécessité de notre démarche. Avant d'être christianisé, le mont Saint-Walfroy avait été un haut-lieu de l'ancienne religion naturelle, un de ces endroits « où souffle l'Esprit ». Les populations agricoles y vénéraient Arduinna, divinité de la faune et ensuite de la chasse. Elle en a été elle-même chassée par Walfroy qui d'après *L'Histoire des Francs* de Grégoire de Tours, y a fondé un monastère. À l'époque de Walfroy, coexistaient donc encore sur la colline deux sanctuaires : l'église de l'ascète et le lieu de culte païen, avec l'immense statue de Diane-Arduinna, où venait chanter et danser la population des campagnes, encore fidèle aux coutumes et croyances anciennes. La conversion ne s'est pas faite sans peine : l'homme s'est d'abord hissé sur une colonne pour s'éloigner de la terre autant que possible et s'approcher du ciel ; de là-haut, il maudissait la Déesse, tandis que les villageois continuaient à assurer les rites de fertilité autour d'elle. Il a alors entrepris de la renverser. La majestueuse statue a résisté longtemps à l'assaut des hommes munis de cordes, et quand elle a fini par tomber à terre, « *nous l'avons brisée en morceaux avec des maillets de fer, et on l'a réduite en poudre.* » (C'est moi qui souligne !). Après ce méfait (selon son propre témoignage rapporté par Grégoire de Tours) son corps s'est couvert de pustules malignes du sommet de la tête jusqu'à la plante des pieds.

Cette lecture me laisse sans voix : la violence concrète, physique, matérielle, envers le principe féminin et la religion de la nature qui a été déployée lors de la christianisation en Europe, ne m'a jamais effleurée. Que Walfroy se soit couvert de « pustules » après avoir renversé la statue de la déesse démontre que, lui-même homme multidimensionnel, une partie de son être concevait de la terreur face à la chute de l'idole.

C'est un fait de nos jours oublié que dans l'Antiquité, les statues des dieux étaient « habitées ». Les artistes qui exécutaient une effigie destinée à un temple savaient « adjoindre » à leur œuvre un être élémentaire et c'est *celui-ci* qui dispensait *réellement* les bénédictions sur les pèlerins. Ce constat éclaire la pratique d'idolâtrie païenne d'une tout autre lumière. Grâce à des muses et des nymphes qui les animaient, les statues sacrées des civilisations anciennes ont été une source *concrète* de bienfaits spirituels qu'on venait vénérer, parfois dans l'espoir de trouver la guérison.

L'émettrice de la rune rouge inversée pourrait donc être celle d'une fée rituelle ancrée dans l'imposante sculpture d'Arduinna. Après la destruction de la statue, sans point d'ancrage, la fée rituelle ne pouvait plus exercer sa fonction. Alors, elle se sent spoliée.

Le panneau d'indication routière que je retrouve parmi mes photos m'achève :

ERMITAGE de St WALFROY
St Walfroy y combattit au VIe siècle
la Déesse Arduinna

Il est planté là pour nous signaler que la brutalité continue, que Walfroy – et avec lui l'humanité patriarcale – n'est pas descendu de son pilier. Un saint stylite – très tendance aux premiers temps de la chrétienté – est l'image parfaite de notre éloignement de la Terre, de notre séparation douloureuse d'avec Gaïa. L'humanité avec sa logique d'ingénieur s'est érigée sur une colonne au-dessus de la planète, comme si celle-ci était salissante. En anglais, la terre se dit *dirt*. La nature est sale, le sexe est sale… Si notre petit groupe revient dans les Ardennes ce week-end, c'est pour guérir cette séparation entre les humains et leur planète, entre les hommes et les femmes, entre le visible et l'invisible… Un ouvrage de grande actualité.

Le rendez-vous est donc pris au bord de la Semoy – *c'est moi* – avec Marie-A., Christelle, Saskia et René. C'est pour René un retour aux sources. Enfant, il a passé le plus clair de son temps dans les parages féeriques de cette petite rivière vive qui se jette dans la Meuse, la majestueuse. Elle est d'ailleurs longée d'un chemin des

Phades – « fées » en patois. Il y connaît tous les recoins, rochers et légendes régionales : les quatre fils Aymon et leur cheval Bayard, l'enchanteur Mogis, les Dames de la Meuse… Ces dernières sont aux trois couleurs de la Déesse : blonde, rousse et brune. Il sait que la lutte contre le paganisme a été très cruelle dans ces contrées, les légendes des combats de Charlemagne en témoignent. La proposition de mon bouclier est en totale cohérence avec les élans amenés par chacun de notre petit cercle.

Après une nuit agitée par des buveurs de bière du camping, sans mentionner la vie intense du frigo de notre bungalow, l'idée du réveil est de jeter le bouclier dans une rivière. Les Celtes lançaient bien leurs offrandes dans les rivières sacrées ! Chargée d'un vœu, la nouvelle conscience se dépose dans l'eau – porteuse de mémoire – qui emportera l'information au loin pour la diffuser.

Nous commençons notre périple par la Roche à Sept Heures, une falaise en schiste irisé qui change de couleur avec le passage de la lumière du jour. Pendant un moment de recueillement, je place mes paumes à plat sur la paroi chaude, en signe de contact, comme nos lointains ancêtres à Lascaux et à Chauvet l'avaient toujours pratiqué, et je demande s'il y a du monde dedans. M'étant souvenue qu'on n'arrive pas en visite les mains vides, j'offre l'image mentale de mon bouclier enrubanné de bonbons Schtroumpfs. Les présences à l'intérieur du rocher, que je sens plutôt sombres, unissent leurs têtes autour de l'objet et le scrutent avec curiosité. Puis surgit une figure altière qui se penche sur la chose et *pfuuiit*!, la fait disparaître dans les profondeurs en un éclair. C'est une perception instantanée, furtive, mais j'ai la nette impression que mon cadeau a été accepté. Cela me rend heureuse.

En poursuivant la route, on passe devant une maison en forme de château médiéval avec une tour à créneaux, érigée par un original du coin, appelée la Maison du Bonheur ! C'est à vendre ! Un panneau d'un jaune tonitruant affiche une grande clé avec *Immobilier nouvelle génération* écrit dessous ! Je prends cela comme un excellent augure pour l'évolution de notre habitat parisien, car je n'ai qu'une hâte : déménager. La Semoy, c'est moi…

L'après-midi, nous nous retrouvons au site du Roc la Tour, un autre haut-lieu naturel d'Arduinna. En creusant la question de son identité, celle qui a été représentée tardivement sous les traits d'une Diane chasseresse aurait aussi bien pu être une *fée de forêt.* Classiquement, une fée des bois se montre accompagnée d'un animal qui figure la mobilité, et Arduinna est escortée parfois d'un ours – grand symbole de la Terre mère – ou bien chevauchant un sanglier, autre emblème de la force et de la fertilité. Sous un autre aspect, Arduinna pourrait être une *déva de paysage.* À l'époque tardive, ces dévas ont été érigées en divinités locales et des temples leur ont été dédiés. Paracelse, dernier savant occidental capable de percevoir les fées et les lutins, trouvait parfois qu'ils étaient en tous points semblables aux humains. Des lieux empreints d'une atmosphère particulière sont considérés comme des temples naturels.

Ce Roc la Tour est un de ces lieux voués au culte de la Déesse. Il a été rebaptisé Château du Diable, comme souvent les endroits où rayonne la sagesse de Gaïa refoulée par le dualisme chrétien. Voyant l'état des lieux, je pleure de honte et de rage. Ce monument naturel, sublime de beauté, un amas de rochers surmonté de trois ou quatre tours de guet en roche quartzite striée de veines de quartz blanc, culminant à 400 mètres avec une vue circulaire, est un site majeur vénéré depuis quinze mille ans. Il y ondoie les présences invisibles à la fois sensibles et inaccessibles. Or, il est transformé à l'heure actuelle par les campeurs qui font de la glisse à tricycle cent mètres plus bas en… toilettes à ciel ouvert. Partout des déjections couvertes de nuées de mouches, des canettes de bière et des cartons d'emballage, puis du papier toilette bien rose qui flotte dans le vent. Un haut-le-cœur. Une profanation de la nature dans ce qu'elle a de plus noble. Pourquoi ne pas aller offrir son engrais à l'humus de la forêt qui est partout autour ? Manquer à tel point de sensibilité devant un lieu exceptionnel m'énerve. Si l'on ne peut plus baigner dans l'atmosphère bienfaisante de ce temple naturel, c'est parce que l'homme y a mis trop de déchets. À tel point que même quatre gaillards venus faire de la varappe se découragent et repartent… Ce n'est pas vraiment ce qui était prévu (par moi).

Le lendemain, nous allons dans « la Lyre » – c'est sous cette forme qu'apparaît sur la carte IGN la colline boisée entourée d'une boucle (*sic*!) de la Meuse, et qui surplombe la confluence de la Semoy. Inspiré à nettoyer les immondices de la veille, notre petit cercle y exécute un Gaya Touch de purification de l'espace dit « à la boule de neige ». C'est un geste symbolique pendant lequel on roule devant soi à travers un lieu donné (aussi bien une maison qu'une région) une sphère de lumière imaginaire.

Ici, nous englobons dans notre intention les Ardennes en entier. Nos sphères aspirent les détritus matériels, toutes les saloperies humaines qui traînent dans la région, mais aussi des choses invisibles, telle la guerre entre Arduinna et Walfroy, sans oublier nos conflits internes et autres déchets psychiques. En roulant devant nous nos boules de neige qui gonflent, qui gonflent, on traverse un beau bosquet de houx dansants, arbre de lumière et d'amour universel. Avant de reformer un cercle et de faire consumer les rebuts amassés par la flamme violette qui transforme leur énergie de nouveau en lumière. Ouf, ça dégage !

Pour clore notre atelier, la décision est prise de lancer le bouclier d'Arduinna dans la Semoy. On cherche un bel endroit au bord de la rivière, mais c'est sans compter sur le fait qu'en France, sécurité oblige, les maires sont tellement effrayés d'être traînés en justice que tous les abords d'eau sont grillagés. Après une longue marche tâtonnante, on aboutit dans un parc devant un petit barrage, les eaux sont vives et bouillonnantes.

Nous nous mettons en rang au bord de l'eau, et nous chargeons solennellement notre bouclier avec l'intention d'alliance :

- entre la terre et le ciel
- entre le féminin et le masculin
- entre l'invisible et le visible

et nous sommes prêts pour la cérémonie d'offrande *au moment où toutes les cloches du couvent en face et des villages alentour sonnent dimanche midi !* Quand l'objet frappe d'un bruit plat les tourbillons d'eau, cela me donne une sensation forte, physique, entre le plexus et le cœur.

Suite à notre don, Gaïa, sous sa facette d'Arduinna – déesse des animaux –, nous envoie un geste de remerciement : un vol de canards sauvages. Loin au-dessus de la rivière, ils volent dans notre direction, en front large, en rase-mottes sur la surface de l'eau. Arrivés à notre niveau, au-dessus de la cascade, l'oiseau du milieu s'élève, suivi de deux autres en triangle, puis de quatre autres, et c'est l'envol d'une belle formation géométrique de colverts vers le ciel. Magique !

Du peuplier à l'olivier

Malgré toutes ces aventures, le faune du peuplier du Pont-Neuf reste mon premier amour « élémental ». Cet arbre est devenu un ami que je viens saluer chaque fois que je suis dans les parages. Chaque fois, je reste un peu là, appuyée sur le parapet au-dessus de la Seine, à admirer sa beauté élancée et ses frémissements délicats. Le faune ne s'est plus jamais manifesté, mais maintenant, je sais qu'il est là.

Un jour, à la veille de notre départ en vacances, en traversant le Pont-Neuf avec Arno et Nino, je m'aperçois que les branches de « mon » peuplier dessinent une forme de cœur ! « Voilà un faune heureux », me dis-je. La qualité de base des êtres élémentaires est l'amour serein et cet arbre l'extériorisait d'une manière éclatante[7].

Quelques jours plus tard, le 7 juillet – date initialement fixée pour l'intronisation de Marko Pogačnik au

7. Ce récit s'accompagne de photos, car parfois une image vaut mille mots. Ce format ne se prête pas à leur publication. Les lecteurs curieux trouveront d'autres photos sur mes comptes Instagram et FB @ella_blissova.

titre de l'Artiste UNESCO pour la paix (nomination reportée à une date ultérieure) –, ironiquement, à la place de cet événement, à l'opposé, devrais-je dire, la vie a prévu tout autre chose. Alexandra m'appelle en larmes pour me prévenir que notre peuplier sur le quai a été *abattu ce matin* !

Oui ! Alexandra en pleure et moi aussi.

La veille, nous sommes partis en Corse et le lendemain matin, elle déménageait chez nous pour échapper le temps de nos vacances au bruit des travaux dans son immeuble, au tapage nocturne et aux tam-tam sur les quais. Elle, du haut de son cinquième étage du quai des Orfèvres, était aux premières loges, elle vivait carrément *avec* ce peuplier ! Il lui faisait un énorme paysage vert devant ses fenêtres. Et maintenant, le désert ! Plus tard, elle dira que le panorama était comme une belle jeune fille à qui on aurait soudainement cassé les dents de devant. L'irréparable, elle y a assisté en direct : ils sont venus avec des ascenseurs et ont scié d'abord les deux branches maîtresses, puis ont découpé le tronc en rondelles, ce beau tronc fier et puissant qui élevait toute cette matière lourde vers le ciel. En trois coups de tronçonneuse, il n'est resté plus que la souche…

Recroquevillée dans un coin de notre petite terrasse corse, en larmes, j'écoute Alexandra, sous le choc, réciter l'élégie de Ronsard *Contre les bûcherons* au téléphone.

Escoute, Bucheron (arreste un peu le bras)
Ce ne sont pas des bois que tu jettes à bas,
Ne vois-tu pas le sang lequel degoute à force
Des Nymphes qui vivoyent dessous la dure escorce ?
Sacrilege meurdrier, si on prend un voleur
Pour piller un butin de bien peu de valeur,
Combien de feux, de fers, de morts, et de destresses
Merites-tu, meschant, pour tuer des Déesses ?

Le poème évoque les dryades, alors je me ressaisis : « Le faune ! Il faut sauver le faune ! Cet arbre avait un faune ! Il est là, je l'ai rencontré ! »

Elle ne voit pas de quoi je parle, alors je lui explique que les êtres élémentaires, aussi évolués soient-ils, ne sont pas dotés de libre arbitre. Ils sont donc incapables de déplacer leur focus selon leur bon vouloir. Ils sont attachés au destin de l'arbre dont ils s'occupent. Il faut aider ce faune, le déplacer, lui trouver un autre arbre !

– Ah bon, comment on fait ? dit mon amie dotée de capacités extrasensorielles, aux racines à la fois slaves et celtiques à qui le monde des fées ne fait pas peur.

– Marko raconte dans son livre qu'il a déplacé le faune d'un vieux tilleul abattu en l'invitant à fixer son point focal sur une jolie pierre, puis il l'a déposé au pied d'un arbre jeune, pas encore « habité ».

– Mais où veux-tu que je lui trouve un arbre ?

– Au Jardin de Luxembourg, que sais-je. Il paraît que les faunes aiment bien parfois la compagnie des humains. Prends un beau galet, il y en a plein chez moi, invite-le à s'y mettre, puis tu sentiras bien ce qu'il faut faire.

Alexandra, rassérénée par une action à mener, raccroche.

Nos vacances en Corse, entre méditations sur le sable et occupations familiales, passent. Juste avant notre retour, mon amie m'annonce mystérieuse : « Puis tu trouveras une surprise sur ton toit. » Et de m'avouer qu'elle avait pris un beau caillou en forme de cœur dans ma collection, la forme même que le faune avait imprimée à l'arbre, et est descendue sur les quais, au pied de la souche restante, pour le récupérer. Elle l'a trouvé dans une panique noire, totalement affolé. Tandis qu'elle se reliait au faune, elle a conçu l'intime conviction qu'il en avait marre de se trouver constamment entouré d'une foule humaine et de sa folie, qu'il aspirait à un endroit calme, à un peu d'intimité. De toute façon, pour l'heure, il se cramponnait comme un désespéré au galet dans sa poche. Pendant plusieurs jours, elle l'a transporté de-ci de-là dans ses déambulations à travers Paris, attendant une impulsion, un signe, qu'il lui indique par une voie ou une autre l'endroit où il aimerait s'installer pour poursuivre sa mission. Puis un jour, en arrosant les plantes sur le toit de la loge devant notre cuisine, elle s'est immobilisée devant l'olivier, un petit arbre au tronc tout fin, une tige d'adolescent. « C'est là, elle a senti, c'est là et pas ailleurs, ce faune malmené a envie de tranquillité. »

Le faune du peuplier s'est greffé sur ce chétif olivier qui, encore ce printemps, n'était pas si sûr de survivre. Attaqué par un raid de cochenilles à carapace, il n'était plus que l'ombre de lui-même. J'ai dû le tailler à ras et le passer au savon noir, avant d'éradiquer les parasites. Et maintenant qu'il a reformé une boule touffue, il accueille le faune du peuplier… Comme si tout ce qui précédait n'était que des préparatifs à cette réception.

Sur le toit, le faune traumatisé a été salué par le gnome, le faune du houx (que j'avais récupéré lors d'un abattage inopiné dans le square en bas de chez nous), et autres « petites gens ». Après avoir arrosé, je me suis assise sur le rebord de fenêtre et j'ai « filé la paix »[8]. Puis je lui ai

8. Un exercice de Gaya Touch.

lancé une balle d'or imaginaire, pour me signaler à son souvenir, lui transmettre qu'il n'a plus rien à craindre désormais.

La petite jungle du toit exhale une sérénité joyeuse.

II
Le paradis perdu

« L'arbre tordu vit sa vie, l'arbre droit finit en planche. »

Proverbe chinois

Mon jardin, mon amour

Ce samedi-là, c'est la série rétro-causale. Cela fait quinze jours que l'on cherche à acheter du terreau pour le jardinage collectif dans la cour de l'immeuble, convoqué par mes soins pour cet après-midi. En matière de « collectif », il n'y a guère que Claude et moi, elle aussi déçue par le manque de terreau. On s'y met malgré tout, elle taille les géraniums et les hortensias, tandis que je dégage les feuilles mortes et les plantes gelées cet hiver sur un grand tas, pour mettre un peu d'ordre. Il s'avère rapidement que les pots où plus rien ne pousse fourniront bien assez de terre pour les boutures. En plus, je mets la main sur un sac de terreau frais caché derrière la bambouseraie qui voile les baies vitrées du studio au fond de la cour, le pied-à-terre du sympathique couple franco-marocain à la main verte. Victorieuse, je m'écrie :

– Voilà pourquoi on n'a pas pu acheter de terreau ! Il y a tout ce qu'il faut déjà.

– Ah bon ! s'esclaffe Claude par-dessus ses bégonias. C'est la raison à l'envers ?

– Oui, c'est un bel exemple de rétro-causalité ! On n'en a pas trouvé, parce qu'on n'en avait pas besoin !

Claude sourit et ne fait pas de commentaires à mes extravagances que seul Philippe Guillemant[9], physicien qui théorise l'influence du futur sur le présent, comprendrait. Puis elle se rappelle un autre sujet, la fête des voisins que nous avons toujours organisée ensemble.

– Bah, lui dis-je, avec des tristes sires qui envoient des recommandés contre les plantes vertes sur le toit, je n'ai plus trop envie. À moins que… Et si on élargissait le cadre, par exemple, on lancerait une grande fête aux trois rues qui bordent le square ?

– Ça sera difficile à organiser, dit-elle avec une moue douteuse, sauf si on passe par l'Association de la sauvegarde du square. Si l'idée leur plaît, ils peuvent l'annoncer dans leur feuille de chou. Je ne vais pas aux réunions, mais on pourrait charger Julia, elle y va, elle.

On bêche encore cinq minutes que voilà ladite Julia et sa canne de malvoyante apparaître à la porte de la cour… On lui expose l'idée, elle est partante, l'AG de l'association c'est jeudi, elle proposera ce sujet à l'ordre du jour et voilà. La Fête du square est sur les rails !

Lundi matin, les muscles encore élongés par nos efforts horticoles, sur le point de partir à la gare pour prendre le train de Tours, je suis aux toilettes quand on sonne à la porte. Ça doit être le facteur, mais je n'ai pas la présence d'esprit de crier « attendez, j'arriiiive ». Le temps de remonter mon pantalon, quand j'ouvre enfin,

9. https://guillemant.net/

il n'y a plus personne, en bas devant les boîtes aux lettres non plus, loupé.

Bien m'en a pris. Parfois, la vie vous préserve des coups trop rudes, elle met un filtre.

Après le déjeuner ensoleillé au bord du Cher avec les membres d'une association tourangelle, les canards et les cygnes, mon mobile sonne. C'est Arno qui m'avertit d'une voix drôlement grave que les nouvelles sont mauvaises. Ce matin, en sa qualité de membre du conseil syndical, il s'est rendu chez notre syndic pour vérifier les comptes avant la prochaine assemblée générale de la copropriété. Et pile au moment où les trois hommes en charge des affaires de notre immeuble se félicitaient que la colère de Meszaros, notre voisin du dessus, lequel avait exigé récemment par recommandé l'enlèvement immédiat de nos jardinières sur le toit, s'est tassée, exactement à ce moment-là, la secrétaire leur tend un recommandé qui vient de tomber. Un courrier d'avocat spécialisé en affaires immobilières, prétendant « l'annexion et encombrement des parties communes », stipulant toutes les « nuisances de ces plantations » et « le danger qu'elles font courir à son client en particulier et à la copropriété en général » et menaçant d'engager une action en justice si mes pots ne sont pas dégagés sous huitaine…

Je suis sous le choc.

C'était ça, le facteur de ce matin ! Je suis reconnaissante de n'avoir pas eu à ouvrir ce pli seule juste avant le départ en déplacement professionnel.

Les jours suivants, je suis gravement préoccupée. L'affaire du jardin que j'ai créé sur le toit de la loge me rend malade. Après les années de haine que la voisine, sa femme, crache d'en haut chaque fois que j'enjambe la rambarde de la fenêtre pour aller arroser, son mari a décidé de l'éradiquer. Ça me déchire le cœur de devoir démanteler ce petit bout de paradis vibrant de vie que j'ai créé *ex nihilo* dans un coin sombre et humide de la cour. Je n'arrête pas d'y penser, je trouve ça injuste et insensé. Et surtout, je n'arrive pas à prendre une décision : répondre par courrier recommandé, demander conseil à un avocat ? Enlever une partie, laisser en l'état, tout défaire ? Que deviendraient toutes ces plantes ? Et le faune de l'olivier ? Et le gnome attaché au pot du petit châtaignier ? Et les feux follets du compost ? Je suis perdue et stressée au point que j'ai envie d'appeler Mme Montenero, voyante extralucide pour prendre conseil... Le genre de chose que je ne fais qu'une fois tous les dix ans, c'est dire la gravité de mon état.

Avec Arno, on décide d'enlever un maximum de pots et d'en laisser juste quelques-uns, les plus grands et les plus indéplaçables, en attendant de négocier. Tout le week-end, je me suis donc échinée à soulever les poids et à les descendre dans la cour, où les plantes sont autorisées par décision votée. Fourbue de fatigue physique et mentale, je suis obnubilée par une seule et unique pensée, joindre un avocat à la première heure lundi matin.

Le *blist*

Les bonnes âmes m'ont conseillé de prendre un maximum de photos avant le démantèlement du jardin sur le toit et la différence entre avant et après est proprement déchirante. Là où il y a eu une végétation abondante qui respirait la joie de vivre, qui vibrait d'une lumière surnaturelle, il y a maintenant un toit en zinc avec quelques pots épars…

En imprimant ces photos pour le rendez-vous avec l'avocate, je m'aperçois d'un truc étonnant. Le houppier de l'olivier, celui qui a failli dépérir et qui est maintenant habité par le faune du peuplier royal du quai des Orfèvres, présente une drôle de figure. On dirait qu'il est en forme de croissant de lune ! Étonnant de ne pas m'en être aperçu avant, les photos sont révélatrices. Cette forme en faucille est évoquée dans le gros livre que je viens de rapporter de mon voyage en Slovénie et dans lequel je me plonge avec émerveillement dès que j'ai cinq minutes. *Du côté invisible du ciel*[10], un volume

10. De Pavel Medveščček, publié par l'Académie des Sciences et des Arts slovènes en 2015. Cf. mon article dans la revue Natives, printemps 2024.

de six cents pages, est une étude exhaustive de la religion naturelle, des croyances et des pratiques animistes et chamaniques qui ont subsisté dans les recoins perdus non christianisés de la haute vallée de la Soča, dans les Alpes juliennes, jusqu'aux années soixante du XXe siècle. Autant dire jusqu'à hier ! Dans ce contexte, un initié témoigne de ce qu'il nomme le *blistavo drevo*, un arbre magique, habité par le *blist*, un être invisible qui émet une luminescence même les nuits sans lune et qui se signale en pliant les branches de son arbre en forme de croissant. « Dans certains arbres, un seul croissant de lune dans l'année peut réveiller le Blist. L'arbre habité par le Blist devient un arbre consacré, qui pousse en forme de faucille et stimule les végétaux et la fertilité. Il possède aussi le pouvoir de protection. Parfois, il luit la nuit comme éclairé par la lune alors même qu'elle n'est pas dans le ciel. »

Cher Blist, si tu es là,
je me recommande à toi,
protège tes petits camarades sur ce toit.

Les jours et les semaines qui suivent, je suis inconsolable. Mon jardin suspendu de Sémiramis miniature est disparu, ces quelques pots qui restent, l'olivier « blisté », un magnolia étoilé, un camélia rouge et une vigne qui encadre la fenêtre de la salle de bains, ne méritent plus l'appellation de « jardin », esseulés comme ils sont au milieu de tout ce zinc redevenu grand, gris et vide. C'est le chagrin.

Pour les Rameaux, nous nous retrouvons en petite équipe dans l'Oise pour un week-end de géaculture. Nous avons tous un problème de jardin : Christelle a rejoint un potager partagé sur les hauteurs de Beauvais et se débat avec l'incompréhension de ses camarades jardiniers du dimanche qui, depuis l'interdiction des phytosanitaires, s'apprêtent à arroser leurs laitues à la Javel… Marie-A., qui, depuis deux décennies, veille comme une mère sur le bosquet central de leur lotissement à Troyes, est en conflit avec les copropriétaires, impatients de le morceler pour le privatiser, couper les arbres et mettre du gazon. Quand elle apprend l'agression de notre voisin du dessus, elle s'écrie terrifiée : « Ton jardin sur le toit est ta créativité, il faudrait le breveter ! Tu dois te lancer dans ce métier, tu as vu la richesse de la vie que tu as fait s'épanouir dans ce pauvre petit coin ? Ça rayonne fort ! Mais du coup, ça perturbe les autres, cela les ébranle dans leurs rigidités, c'est violent pour eux. Une améthyste, même si on lui chie dessus, reste une améthyste. Mais la question reste à savoir à qui est la merde ? »

J'ai passé le week-end de Hagia Chora à Beauvais torturée par la culpabilité. Ai-je manqué à mes plantes chéries ? C'est moi qui les ai installées là et je n'ai pas su les défendre ! Et à tourner autour de cette question lancinante : comment les fleurs peuvent-elles déranger quelqu'un ?

Mission de paix

Réflexion faite, ma décision est prise. Je vais acheter une boîte de gâteaux et je vais monter au deuxième étage sonner à la porte des Meszaros pour tenter de discuter. Je tâcherai d'instaurer avec mes voisins honnis un dialogue autre que judiciaire. René, ce vrai chrétien, me l'a suggéré à Beauvais, je vais faire comme le Christ en ce début de la Semaine sainte, je vais aimer mes ennemis.

J'y vais donc en fin d'après-midi, je sonne à leur porte et j'y reste… une heure et demie ! Sur le palier, évidemment. Lui, en peignoir et mollets nus en charentaises sur le pas de la porte, tout en refusant les macarons que je lui tends – « Je ne suis pas une girouette ! » – ne m'a pas claqué la porte au nez. Et elle, rentrée de bureau pendant ma conversation avec son époux, s'est carrément enfermée avec moi sur le palier et m'a déversé sa vie en un flot de paroles parfois terriblement intimes. C'est resté un dialogue de sourds, mais j'ai au moins compris ce qui les dérange. Lui aime les plantes, il connait même le nom de mon petit oranger, c'est un calamondin, il en a un dans son salon ! (Sauf que le mien croulait sous le poids des fruits qui diffusaient leur lumière orangée dans le crépuscule cet hiver ; ça a été une vraie récolte d'agrumes, vingt pots de confiture ! Serait-ce de la jalousie ?) Il me voit trimer dans la cour, à arroser les jardinières délaissées depuis que le concierge trépassé n'a pas été remplacé. Il voit bien que personne ne m'aide. Il dit ça pour me prouver que tout le monde se fiche de la végétation et que personne ne regrettera mon jardin, mais soudain, c'est moi qui me sens *vue*, ça fait plaisir quelles que soient les circonstances.

Quant à elle, elle me confie, avec la mine de la plus grande confidence des fillettes qui chuchotent dans un coin de la cour d'école, qu'il fait ça pour elle, pour lui prouver son amour ! Il n'est pas très expressif et quand il l'a sentie vexée par mon courrier (que je leur ai adressé quand ils nous ont aspergés d'insecticide), il a agi en chevalier… Elle est philosophe : quand je parle de prescription décennale, elle me dit : « Ah, treize ans déjà ? C'est un cycle de vie. » Elle-même aurait maintenant préféré que cela s'arrange à l'amiable, même son fils lui dit : « Mais maman, les fleurs, c'est beau ! » Elle se sent comme une fleur fanée dans cette querelle. Amour, amour où tu te niches…

Arno, qui me voit revenir après une heure et demie de palabres n'en revient pas. Il est sorti plusieurs fois sur le palier pour voir si nous étions toujours là-haut. Nino me regarde comme une extraterrestre, à onze ans on ne comprend pas très bien que l'on puisse discuter avec ses adversaires. Marie-A. avait raison, cela n'aura peut-être servi à rien, mais je me sens apaisée. La colère et la révolte m'ont quittée, j'ai moins mal. Je ferai ce que je dois pour défendre les plantes sur le toit, mais sans hargne. Quand je lui fais le rapport de mon « expédition aux macarons », elle est fière de ma démarche « chrétienne », elle me félicite d'avoir fait un pas pour l'humanité. On dirait que j'ai marché sur la Lune...

De l'autre part, nous avons envoyé un courrier au syndic, pour demander à la copropriété de nous autoriser un nombre limité de plantes sur ce toit. Je passe un coup de fil pour vérifier qu'il l'ait bien reçu, il décroche et il dit avec son habituelle componction de croque-mort : « Ah, Madame Blisse, je suis en train d'établir l'ordre du jour et j'étais sur votre point à l'instant. » Il n'empêche, ce n'est pas gagné, vu les difficultés pour trouver un compromis dans un immeuble, où la moindre vétille prend des proportions, tellement chacun campe sur ses positions. Au point que j'ai souvent dit que les relations israélo-palestiniennes n'avaient aucune chance de se régler, vu que même au niveau infiniment plus petit d'un ensemble d'habitation, rien ne bouge... Notre voisin du 3ᵉ étage, un spécialiste du Proche-Orient, le plus discret des hommes avec qui nous n'avons jamais échangé plus qu'un bonjour poli, eh bien, cet homme, en découvrant mon courrier joint à la convocation à l'AG, s'est spontanément approché d'Arno dans l'escalier et lui a dit de ne pas nous inquiéter, que nous pouvons compter sur leur soutien ! Il a dû sentir qu'il s'agit des rapports de territorialité, il est solidaire avec nous comme avec les Palestiniens...

Avant que cette tourmente horticole ne nous tombe dessus, nous avons planifié des travaux de réfection chez nous. Nino, le préado, installé dans la pièce passante donnant accès à la cuisine et à la salle de bains, a besoin d'une vraie chambre. Si on inverse avec la cuisine, nous gagnerons une salle à manger, et lui pourra fermer la porte derrière lui, pour garder ses secrets d'ado. Nous en profiterons pour tout repeindre. En d'autres temps, je serais enthousiaste, or, maintenant que je doute même de vouloir rester ici, je m'y mets à reculons. À quoi bon réaménager un appart que l'on a envie de quitter ? « Pour mieux le vendre rénové ! » me rétorque Arno qui ne perd pas le nord. Pendant le week-end de Pâques, nous l'avons donc intégralement vidé – c'est quand on déménage sa bibliothèque que l'on se rend compte du poids de la culture ! – pour nous installer provisoirement dans le joli studio rose argent du fond de la cour, loué par nos voisins franco-marocains.

Campagne électorale

Malgré cette fleur de marronnier qui a tenté de me consoler ce matin – elle s'est détachée de la branche pour atterrir pile dans mon panier de vélo, tandis que je pédalais square Cambronne, j'ai pu admirer sa fine architecture conique au feu rouge, un chandelier rose et blanc sur un lit de feuilles vertes – je suis triste et démoralisée.

La veille au soir, dans notre campement au fond de la cour, j'ai abordé avec Arno le plan de bataille de notre campagne électorale afin qu'un maximum de voisins vote en faveur du jardin sur le toit. J'ai passé la matinée à collecter leurs numéros de téléphone, il n'y a plus qu'à se partager les noms. Chacun appellera ceux qu'il connait le mieux. Arno étant membre du conseil syndical, il est à tu et à toi avec certains que je ne connais que de vue, et il y a parmi nos voisins même une Corse qu'il fréquente à Saint-Florent depuis son adolescence.

Sauf qu'en discutant, je tombe des nues. Je m'aperçois que même avec mon propre mari, la cause n'est pas entendue. Malgré tout le travail qui a été fait, les mails, l'avocat, la prescription décennale, le courrier, ma visite pascale chez les Meszaros, il craint toujours d'entraîner les autres dans les frais judiciaires. Alors que j'ai répété cent fois et que je me suis même engagée par écrit dans le courrier à la copropriété : « Ce n'est pas notre propos de judiciariser la vie du voisinage. Ce qui a été conçu comme un embellissement d'un coin sombre, ne doit pas devenir source de conflit. Pour apaiser la situation, j'ai d'ores et déjà enlevé la majeure partie des plantes. Les pots qui restent seront enlevés si l'autorisation de les garder n'est pas donnée. »

Pour commencer, il se demande à quoi bon appeler les gens, alors qu'ils ont tous reçu notre courrier joint à la convocation. D'après lui, ils disposent de toutes les informations nécessaires dans les pièces jointes. Pourquoi les appeler alors ? Mais parce que le souvenir de notre échec est encore cuisant, quand nous avions proposé de racheter un local inoccupé depuis des décennies, celui justement qui se trouve sous le toit au jardin, et comme le très influent président du conseil syndical était contre, nous n'avions récolté qu'une seule voix, celle de notre amie Claude… Voilà pourquoi appeler pour expliquer la situation n'est pas du luxe. Mais tout est à l'avenant. J'ai l'impression qu'un mur d'obstruction se lève devant moi, je m'épuise à redire pour la énième fois les mêmes raisonnements. Est-ce de la paresse ou de la mauvaise foi ? Je l'ignore, mais gagnée par la lassitude comme rarement, les bras m'en tombent. Pourquoi est-ce si difficile ? Pourquoi tout doit être obtenu de haute lutte, même à la maison, même avec l'homme qui partage mon intimité, et qui sait mieux que quiconque à quel point ce sujet me tient à cœur ? Rien n'est jamais acquis, même dans un couple.

Vu mon chagrin inconsolable, mon ami JB, étiopathe, l'homme qui me maintient en bonne santé depuis que je l'ai rencontré (ça fait vingt ans qu'il accorde mon corps à mon âme au point que je n'ai pas besoin de médecin traitant), s'annonce pour venir déjeuner avec moi au japonais. Tandis que nous nous attaquons à nos *tataki* d'anguilles et autres délices de la cuisine *kaiseki*, il concède que le jardin sur le toit a été ma respiration et mon refuge qui m'a permis de tenir face aux aléas de la vie. C'était vital, mais maintenant, je n'en ai plus besoin. D'après lui, le toit-toi, je l'ai intériorisé, j'ai désormais un jardin intérieur, celui de l'écriture, le seul que je dois cultiver. Avant, ma vie était si dure et incompatible avec mes vraies valeurs que le jardin me soutenait, désormais, j'ai atteint un niveau où je ne pourrai plus me renier, c'est un processus douloureux, mais ça s'appelle la *croissance* ! « Tu pousses et tu t'ouvres, alors ça fait mal, mais on ne peut pas en faire l'économie. Laisse ce jardin, on t'en donnera d'autres ! Prends plaisir à tes travaux plutôt. »

La *croissance* ? Je connais la force prodigieuse que déploient les végétaux pour croître, s'épanouir et fleurir. Parfois, je m'arrête pour admirer le courage des fleurs, surtout celles qui se sèment dans les brèches de goudron en plein carrefour, ou bien dans les interstices entre le trottoir et la façade, ou encore accrochées comme des acrobates dans les pierrailles d'un mur. Ce sont mes héroïnes. Elles ont une force de percée et d'ouverture qui fend les pierres.

Le jardin sur le toit a été ta respiration. C'est fou à quel point cela me parle. Ce carré de verdure a été littéralement une excroissance de mon poumon, et quand on l'attaque, j'ai l'impression qu'on m'étouffe. Cette hypersensibilité vient de ma généalogie, une longue lignée de pulmonaires, asthmatiques et tuberculeux. Tous mes aïeuls côté paternel sont morts du poumon, même ma grand-mère, cancer du poumon, alors qu'elle n'a jamais fumé !

En France, quarante-neuf mille personnes par an meurent des suites de la pollution.

Quelque part dans mon for intérieur, je n'oublie jamais que ce sont les plantes qui ont créé une atmosphère respirable sur cette planète ! Je répète : *ce sont les plantes qui ont créé une atmosphère respirable sur cette planète* ! On n'y pense pas tous les jours, mais l'air à respirer n'existait pas avant. Avant, il y avait des gaz toxiques, azote et carbone, comme sur d'autres astres. Traversés par de gros nuages opaques d'acide sulfurique, comme sur Vénus. Sur Terre, notre Gaïa chérie, les cyanobactéries et les végétaux, par la photosynthèse, ont consommé du dioxyde de carbone et en échange, ont libéré de l'oxygène. Seulement après leurs travaux préparatifs, les animaux et les humains ont pu venir s'installer. N'oublions pas non plus que la photosynthèse est la seule véritable valeur ajoutée, je répète : *la seule véritable valeur ajoutée* possible sur cette Terre. Tout le reste n'est que transformation, n'en déplaise aux capitalistes et à leurs comptables. Les plantes transforment *la lumière en matière*, on l'avait appris à l'école, puis on l'a oublié, occupés comme nous sommes à nos affaires courantes. Mais si on s'arrête et qu'on regarde un instant, c'est parfaitement magique, c'est de la haute alchimie ! Pour moi donc, « plante » égale « oxygène ».

Et comme pour me narguer, le site de décoration intérieure que je consulte quotidiennement pendant nos travaux, communique en ce moment sur les avantages des toits végétalisés. C'est très à la mode, une tendance lourde. Un mètre carré et demi de toit verdi même en extensif – c'est-à-dire juste un tapis de sedum et d'herbe – suffit à nourrir en oxygène une personne adulte. Mes quinze mètres carrés de petite jungle dense d'arbrisseaux, rosiers, arbustes et lianes enchevêtrées en hauteur ont donc suppléé à l'oxygène de tout l'immeuble !

Le toit plat

Avec Nino, qui rêve d'avoir un chat, nous montons nourrir le Maine Coon de Claude, notre amie du 7e étage, partie en vacances. Tandis qu'il rampe à plat ventre pour débusquer le grand matou effrayé dessous le lit, j'arrose les jardinières sur les balcons qui donnent une vue plongeante sur la cour et les toits environnants. C'est un paysage urbain de bric et de broc, nous sommes à Montparnasse, ex-faubourg à potagers, le bâti est inégal, loin de l'uniformité haussmannienne qui prévaut dans Paris. Je me reprends à rêver de déménager dans le trois-pièces de Mme Bourdon, 103 ans, et d'organiser un potager collectif sur le toit plat côté cour. Imaginez, une si belle surface en pleine ville ! Je pourrais convoquer les experts de Topager qui ont développé le savoir-faire pour produire fruits et légumes sur les toits de la ville, style terreau allégé et solide protection antifuite. En cas de crise et d'insécurité alimentaire, on pourrait y installer une station d'aquaponie, un élevage de poissons où leurs déjections servent d'engrais aux légumes !

Sans mentionner que cela m'offrirait une bifurcation potentielle dans ma vie professionnelle, quitter mon travail où je balance entre exaspération et ennui. Me voilà envolée vers mes châteaux en Espagne, alors que le chat miaule, Nino hurle, il s'est fait griffer. Finies les rêveries.

Le châtaignier

À l'assemblée générale, les voisins ont voté en faveur des plantes sur notre toit ! Ce triomphe électoral (75 % de pour, j'avais pris soin de téléphoner à chacun des copropriétaires un par un) a été remporté le 9 mai, jour de Victoire pour les Slovènes (fêté avec un jour de retard comme partout à l'Est). Cela me réjouit, pour une fois la collectivité et le bon sens l'ont emporté face à une intimidation individuelle, agitant la menace juridique. L'aide de Claude a été substantielle pour emporter le morceau : au moment crucial elle s'est levée, revêtue de toute son autorité d'aristo, pour rappeler à l'assemblée mes services à la communauté dans la cour verdoyante de l'immeuble. Elle les a exhortés à ne pas « céder à un mauvais coucheur », soulignant utilement que l'appartement en piteux état du 1er étage sur cour a pu être vendu rapidement parce que l'agent a mis en avant la végétation luxuriante qui règne sous ses fenêtres.

C'est formidable, il reste à patienter trois mois pour voir si Meszaros et son très teigneux avocaillon d'origine roumaine ne se mettent pas à contester les conclusions de l'AG.

En attendant, cela ne règle pas le problème des « petites gens » qui subsistent sur ce toit. Ce n'est pas une vie pour un faune d'arbre d'être ancré dans le sol d'une ex-loge de concierge pour habiter un petit olivier dans un contenant plastique. Ni pour un petit gnome en manque de vraie glèbe. Il y a aussi le châtaignier dont le cotylédon était arrivé ici par la grâce de mes superstitions végétales[11]. Il a plus de onze ans maintenant, l'âge de notre fils, d'ailleurs ils ont à peu près la même taille. Pour le garder en pot, on m'a conseillé de lui couper la racine principale, ainsi il resterait petit. C'est ce que les Chinois font aux bonsaïs. Or, d'une certaine manière, cela reviendrait à le castrer, et on ne fait cela à personne et encore moins à un arbre qui pourrait s'apparenter au totem de mon fils unique ! Non seulement ils ont le même âge, mais en plus, c'est un châtaignier, essence qui a suscité notre relation avec son père, mon partenaire de vie ! Pour notre premier rendez-vous d'amoureux, nous étions allés cueillir les marrons au bois de Meudon…

Il faudrait donc trouver un point de chute à cet arbrisseau, un endroit où il pourrait grandir en sécurité. Le jardin normand de nos amis du Fumoir m'est venu à l'esprit – c'est un lieu sublime de beauté dont s'occupe un gentil jardinier. Là-bas, il ne risquerait pas d'être fauché par un bulldozer lors des coupes claires pratiquées de nos jours dans les forêts domaniales (qu'on transforme en plantations mono-essence, dénuées de biodiversité, si

11. Cf. le début de *La Fleur de Bach* (Michalon, 2018).

bien que tout tombe sous l'assaut du premier parasite venu). En plus, lors des grosses tempêtes de cet hiver, de nombreux sapins de ce jardin sont tombés. Je demande la permission de le planter là… c'est oui !

Déménager le châtaignier en Normandie me permettra de faire d'une pierre deux coups. Le gnome est plus ou moins attaché à sa motte, il se plaira dans la terre grasse d'Eawy. Et si j'incite le faune du peuplier-olivier qui émet un chant de voix de basse (Marko dixit) à s'attacher au châtaignier, il pourra retrouver à son tour Mère Nature.

En vue de ces changements, j'ai médité plusieurs soirs de suite, lovée sous les feuilles dentelées du châtaignier en indiquant par images mentales aux habitants invisibles du toit le transfert en terre ferme. Le gnome, pas de problème, il sautille à l'idée de retrouver des copains. Mais le faune, rien. Pas de réaction. Silence radio. Est-ce dû à mes doutes ? À mes regrets de devoir quitter sa proximité ? Il faut avouer qu'elle m'a été douce !

L'avant-dernier soir avant notre départ en Normandie, enfin, il se décide de s'étirer jusqu'à l'arbrisseau pour venir l'essayer. C'est vrai que si l'on pense au peuplier royal qu'il avait habité au bord de la Seine, s'installer dans cette tige de rien du tout… Enfin, je le sens parcourir le petit tronc et les branches, je lui envoie l'image du sublime jardin arboré où il vivrait, en pleine nature et chez des gens éminemment gentils, et je sens comme un acquiescement. Ouf !

La veille du départ en Normandie, je remonte sur le toit pour installer définitivement le faune dans le châtaignier, à l'aide de la pierre en forme de cœur, sur laquelle il avait déjà accroché son point focal le jour de son sauvetage par Alexandra. Je l'invite à s'y remettre, je patiente pour sentir comme des tentacules invisibles s'agripper au caillou, puis j'emporte avec précaution ce cœur ainsi chargé pour le déposer au pied du châtaignier. Ensuite, je vais chercher de la ficelle pour relier ses branches, mettre l'arbrisseau en condition de voyage. Ce que je trouve, ce n'est pas un, mais trois rubans et ils sont comme par hasard aux couleurs de la Déesse, le blanc, le rouge et le noir. Ce sont ses trois aspects : blanche la virginale qui englobe la totalité indifférenciée de l'univers, la Déesse rouge, féconde et créative marquée par la polarité yin-yang, et la noire, celle de la crise et transformation, qui conduit les êtres à travers la mort vers une nouvelle naissance. Car le temps de la Déesse est cyclique, toutes nos actions passent par ces trois phases, sachant que la croissance infinie est un leurre productiviste. Ces rubans colorés me confirment que nous sommes bien ici en pleine tâche de géaculture.

Le lendemain matin à l'aube, avant de démarrer, je prends Nino en photo avec son arbre sur le trottoir devant la boutique du cordonnier. Si ce transfert est si chargé d'émotion, c'est que de mémoire d'humanité, les parents plantaient un arbre à la naissance d'un enfant. *Du côté invisible du ciel* que je lis dans le studio rose argent dès que je trouve un moment entre boulot, travaux, courses et autres, évoque la tradition du *drevent* (du slovène *drevo* – arbre) : à la naissance d'un fils, le père allait chercher un arbrisseau rabougri, enraciné dans la fente d'un rocher, et lors d'un rituel spécial, il le replantait dans un endroit choisi au préalable. Si l'enfant mourait en bas âge, on coupait l'arbre afin d'inclure son bois dans la fabrication du petit cercueil et s'il vivait, le père disait au fils chaque fois qu'ils passaient devant : « Voilà ton *drevent*, il t'aidera dans la vie : tant qu'il grandit, tu grandiras avec lui. »

Notre petit châtaignier, son petit pot n'est pas plus grand qu'une fente rocheuse et il me semble hautement symbolique de le replanter en pleine terre maintenant qu'il est plus grand et le laisser vivre son destin d'arbre. C'est comme un signe de détachement à opérer par rapport à mon préado, lui aussi, le laisser de plus en plus libre de vivre sa vie et suivre son destin. Tout coïncide dans ce sens, le réaménagement actuel pour lui donner une chambre indépendante, le collège l'année prochaine... Chez beaucoup de peuples, le rite de passage initiatique, c'est à l'âge de treize ans...

En arrivant en Normandie en ce jeudi de l'Ascension, j'ai parcouru en marche méditative le grand jardin de nos amis, presque un parc, en long et en large pour trouver l'endroit propice où planter notre *drevent*. Arno, qui entame après moi la lecture de la *Vie secrète des arbres*[12*], me rappelle que les arbres communiquent entre eux et s'entraident, surtout entre les individus de même espèce. Du coup, on décide de placer le pot du petit châtaignier dans le cercle de ses grands frères pour la nuit, le temps de dormir dessus, pour voir si quelque chose vient au réveil.

Le matin, ça n'a pas manqué. Émergeant de sommeil, je « vois » l'arbrisseau qui fait un geste de déposer à son

12. De Peter Wohlleben, aux éditions Les Arènes (2015).

pied une balle blanche dotée d'un côté des carrés aussi transparents que des fenêtres. C'est bon, la balle à son pied rappelle ma première communication avec ce faune et signifie qu'il me faut le planter là où on l'a placé hier soir, dans la famille des châtaigniers qui veilleront sur lui comme des grandes présences tutélaires. Quant aux « fenêtres », cela répond à ma question intérieure : le grand faune, habitué aux foules humaines au centre de Paris n'allait-il pas s'ennuyer dans un jardin de province ? Les fenêtres indiquent qu'il aurait toujours le contact avec les humains, mais pas trop. Armés de pelles dégotées dans le garage, Arno, Nino et moi creusons alors un grand trou dans l'herbe au milieu des châtaigniers et on y plante solennellement le *drevent* de Nino, qui ne comprend pas vraiment l'excitation de ses parents, enfin, surtout de sa mère, autour de ce végétal, mais se prête au jeu gracieusement.

Le lendemain matin, dès le lever, je me précipite pieds nus dans la rosée pour voir comment se portent le châtaignier et son faune. L'arbrisseau a poussé une petite feuille depuis hier, tant on l'a arrosé. Puis je m'installe dans le demi-cercle des châtaigniers et j'exécute un Gaya Touch de « filer la paix » : ce petit exercice avec les mains signale dans le langage des gestes aux petites gens de la nature que nous sommes ouverts au contact. Le gnome et ses copains aboulent en foule, telle une troupe de petits galopins d'une folle gaité. Les grands châtaigniers sont habités eux aussi. Par la suite, j'ai pris une série de photos de sourires d'écorce et de tronches bienveillantes. Soudain, je sens fort la présence de « mon » faune. Je lui offre ma main en contact… Une vie invisible me transmet son contentement et son bien-être d'atterrir ici, après toutes ces tribulations… Une jubilation sereine m'envahit. Face à mon bonheur intense et à la sensation d'accomplissement, une autre voix s'élève en moi qui demande : Un arbre et un faune, n'est-ce pas dérisoire comparé aux foules de réfugiés noyés dans la Méditerranée ? La réponse m'est donnée par Didier van Cauwelaert qui préconise d'être en paix d'une manière homéopathique : en ayant fait sa part.

Corse

Une fois les travaux terminés, nous partons en vacances très méritées en Corse. Toute guillerette de ma victoire électorale, constamment en état de conscience élargie, je vois des formes anthropomorphiques partout. *Tous* les cailloux ont un visage, tout est vivant, tout est mouvant ! Les arbres m'observent avec des paires d'yeux, les rochers affichent des moues variées, et parfois des profils saisissants. Les pentes des montagnes sont peuplées de géants et autres silhouettes énigmatiques, pour ne pas mentionner le ciel, où les nuages deviennent des sylphes et toutes sortes de créatures éthérées, comme si la Nature, cette artiste, faisait des essais vaporeux avant de figer les formes dans la matière plus dense…

Paréidolie, diront les psychologues. Et moi, je n'ai rien avoué à personne de mes perceptions, même pas à Arno. Cela a toujours été d'apercevoir de temps en temps le visage qu'un faune ou un gnome a imprimé sur un tronc ou une pierre. Mais là, c'est tout le temps et partout, comme si l'univers entier était matière animée. Les montagnes autour du golfe s'élèvent en vagues qui semblent immobiles, mais je les soupçonne de se mouvoir dans une autre temporalité, à un autre rythme, pour nous trop lent à observer…

Bref, tout est incroyablement vivant et tout pulse.

La fin du jardin

Après les vacances, nous avons réintégré nos pénates rénovés. Nino est content de son nouveau mini-royaume couleur bleu canard, un lit en hauteur avec des vagues de mer démontée en guise de barrière et un grand bureau pour faire ses devoirs. Tout fier, il ferme sa porte et nous devons frapper avant d'entrer. Nous nous réjouissons de notre nouvelle « cuisine dînatoire » qu'on a réussi à rendre féerique : comme la pièce est encaissée, j'y ai mis plein de lumignons et des boutons de placards bariolés, on dirait des bonbons. Du coup, on enchaîne les dîners d'amis autour de notre nouvelle table ronde et le seul bémol, c'est qu'à chaque fois que nos amis aperçoivent le toit et ses quelques pots épars à la place de ce qui avait été une oasis luxuriante, ils s'écrient que la connerie humaine est vraiment sans limite. Alors, je me précipite pour fermer la fenêtre sur cour et Arno, de sa voix douce, les rassure que ça va, les voisins ont voté, maintenant, il faut juste tenir les doigts croisés pour que le fâcheux du deuxième ne conteste pas le vote… Il a trois mois pour le faire, et si tout va bien, dans quelques jours, on pourra pousser un grand ouf!

Sauf que non. La veille de la date d'expiration du délai légal, la contestation tombe. Meszaros fait un procès, il traîne la copropriété devant le tribunal de grande instance pour annuler l'intégralité de l'assemblée générale. À « titre principal » en vertu d'une irrégularité mineure, le règlement prévoit la désignation de *deux* scrutateurs, et l'assemblée a omis d'en nommer un second. Et « à titre subsidiaire » pour le « dérangement de jouissance provoqué par l'encombrement des parties communes par les plantations sur la toiture de l'ex-loge ».

Si le principal, qui est un irréfutable scud juridique est expédié en quelques lignes, le « subsidiaire » en revanche s'étale sur les dix pages restantes de cette longue assignation. Merci, messieurs le syndic et le président du conseil syndical! Vous vous gargarisez à tout bout de champ de la régularité juridique, alors que vous êtes incapables en fait de protéger les intérêts de la majorité.

Tout y passe. Le plaignant « dont la chambre est située à l'aplomb a la vue encombrée par les plantes » (alors qu'il doit se pencher en avant par sa fenêtre pour les voir), qui engorgent selon lui le système d'évacuation des eaux (alors que nous avions trouvé à notre arrivée dans l'immeuble la gouttière bouchée, personne ne s'en souciait, et que depuis, je la nettoie pour nous éviter les moustiques) qui « risquent de s'écraser au sol, voire sur un occupant présent dans la cour » (alors que le toit est incliné vers le mur et que les plantes devraient pouvoir bondir par-dessus pente pour réussir cet exploit), et qui « obstruent un possible accès pour les services de secours » (et pourquoi les pompiers passeraient-ils par le toit au lieu de prendre les escaliers ?). Le comble de la mauvaise foi est atteint par l'affirmation que nos « installations sont de nature à perturber la jouissance paisible du plaignant en ce que celles-ci, outre les nombreux insectes qu'elles génèrent, causent des troubles visuels et olfactifs par l'utilisation des engrais dont la composition chimique est de nature à porter atteinte à sa santé. » L'idiote que je suis mettrait donc juste devant son nez et devant la cuisine où sa petite famille prend ses repas tous les jours, ainsi que devant la chambre de son fils, des produits chimiques qui puent et empoisonnent… Un huissier fut mandé pour constater qu'en matière de nuages d'insectes, il volait dans la cuisine de nos voisins deux mouches, deux !

Je suis anéantie… Gaspiller son argent en huissiers et avocats au lieu d'emmener sa femme en vacances pour lui aérer l'esprit… Tout ça pour ça ! Toute cette campagne électorale… 75 % de courageux en faveur de la vie et un balourd qui est contre et c'est lui qui aura gain de cause… J'ai si mal que j'ai envie de ne plus exister. C'est le trou noir qui m'a aspirée, ma douleur est presque aussi intense que quand j'avais fait une fausse couche, le pire moment de ma vie… Je pleure comme une cascade, les flots de mes larmes vont tout emporter. Arno me secoue : « Enfin, raisonne-toi, essaie d'analyser, personne n'est mort, Nino est en vacances et moi, je suis avec toi. » Tout juste si mon deuil ne le vexe pas. Car c'est d'un véritable deuil qu'il s'agit. Bien sûr, je culpabilise d'être si triste pour si peu de chose alors que la Syrie est à feu et à sang et que partout dans le monde, les enfants meurent de faim… Et moi, je pleure pour des fleurs.

Partir ailleurs ?

La disparition du jardin-poumon remet tout en question. Suis-je vraiment obligée de vivre dans cette désolation, à laquelle s'ajoute le bruit incessant de pas haineux au-dessus de nos têtes ? Tout est par terre… Envisager de lever l'ancre et de s'installer ailleurs, recommencer à vivre dans un autre lieu, avec une vraie terrasse, un vrai jardin, une vraie connexion à la terre. Sauf que je n'ai plus une once d'énergie après ce choc, après les travaux, je suis rincée, épuisée. En outre, Arno se plaît dans ce quartier, Nino veut garder ses copains d'école et moi, je travaille toujours dans ce bureau à vingt minutes d'ici… Et ce bureau, parlons-en…

Brrrrr, plutôt non, commençons plutôt à enlever les pots qui restent. Et le compost, je vais devoir débarrasser le compost aussi… Oh là là, je n'ai pas pensé à ça, où vont aller tous les petits êtres de feu qui s'affairent à tout décomposer, à libérer de leur forme les restes de légumes et de feuilles mortes ?

J'ai promis à mes alliés dans la copropriété que si Meszaros poursuit devant le tribunal, j'enlève tout. « La promesse fait la dette », dit le Slovène, alors un week-end, j'ai travaillé d'arrache-pied pour ranger le toit. J'ai rempli les bacs à poubelle de compost, le feu de la combustion douce ira exercer sa fonction sur une décharge… J'ai descendu dans la cour ce que j'ai pu, puis Arno m'a aidée à porter le calamondin, le grand gardénia, le beau camélia et le gigantesque crassula ovata. Le week-end suivant, le père de la petite amie de Nino se propose de venir avec son diable et des sangles pour déloger la Mère Magnolia et le Père Olivier de devant nos fenêtres… Les derniers mohicans sur le toit après le départ de toute la famille végétale. On les a posés en bas, dans la cour. À cette occasion, j'ai encore tout arrosé et balayé les feuilles mortes, et bien que je ne sois pas concierge, des gens dans l'immeuble commencent à m'aborder en portugais.

Dans un accès d'ingéniosité, j'ai suspendu la vigne aux barreaux de la salle de bains. Cela nous fera du feuillage juste devant la fenêtre de notre nouvelle cuisine, pour masquer le mur gris en face. Mais chaque fois que j'aperçois ce désert métallique en lieu et place de la belle petite jungle fleurie, bruissant d'abeilles, d'oiseaux et d'escargots, j'ai un coup au cœur !

Au moment où je prends les photos du toit débarrassé pour les envoyer aux avocats et au syndic afin d'arrêter les frais (convaincue dans mon innocence que sans objet, la persécution va s'arrêter, car comment poursuivre pour un dérangement qui n'existe plus ?) la voisine siffle d'en haut, abritée derrière un volet à moitié fermé : « Ah, mais elle est encore là, cette femme, elle se croit tout permis ! »

Depuis des années qu'elle vomit sa hargne toxique par la fenêtre ouverte, mais cachée derrière les volets (dans sa provocation, elle doit craindre des projectiles), je me tais au nom de la paix. Et là, pour une fois, je réplique : « Vous pourriez me laisser tranquille au moins le jour où vous triomphez. Mais visiblement rien n'est éternel sauf votre mauvaise humeur. »

Et voici ce qu'elle me répond : « Moi parler france, moi pas comprendre russe. » À moi, traductrice littéraire à qui *Le Figaro* a décerné le suprême compliment, en concluant le compte rendu d'un livre slovène par : « À noter l'excellente traduction d'E.B. »

Coïncidences

Comme cela fait des années que j'observe les synchronicités et le syndrome d'anniversaire, il ne m'échappe pas dans cette débâcle que le coup fatal – l'assignation – est survenu le 3 août, au lendemain de l'anniversaire de mon premier mari, un harceleur de première. Depuis des années, mon 2 août a toujours été marqué au fer rouge, même ma fausse couche, c'était un 2 août, alors qu'il était mort depuis longtemps ! Chaque été, j'appréhendais cette date à laquelle systématiquement des événements néfastes se produisaient. Alors cette année, j'en ai eu marre et j'ai décrété la prescription. J'ai consciemment déclaré que cette « tradition » à la noix peut être abandonnée, que je pouvais m'en libérer et voilà, j'ai passé mon premier 2 août dans le calme et la sérénité. Mais visiblement, je ne me crois pas moi-même, et vlan, le malheur frappe le lendemain, juste quand je pensais en être quitte…

À propos des hasards, coïncidences et synchronicités, on va avec Arno au Palais de la découverte, voir l'exposition *Faites vos jeux*. La visite commence d'une manière étonnante dans la file d'attente à la billetterie. Arno toujours aussi ailleurs qu'à son habitude (c'est le champion de la distraction) regarde les voûtes grandioses du hall en marbre et me demande si on est au musée de l'Homme. Quand je lui réponds d'un ton agacé que non (enfin, c'est lui qui est né à Paris, pas moi !), une inconnue aux cheveux roux, au nez recouvert de taches de rousseur, dans la file derrière nous s'exclame :

– Ah, c'est un homme, ne lui en voulez pas, l'important c'est qu'il vous aime !

– Ah bon, comment le savez-vous ?

– Je suis intuitive, dit-elle arborant une mine mystérieuse, parfois je devine même les sujets du bac. Mais je ne les donne qu'à des enfants en grande difficulté scolaire.

Eh bien ?!

J'en ai conclu qu'elle a servi de bouche à mon ange gardien, en réaction à mon écœurement l'autre soir quand mon doux mari m'a demandé où il devait mettre la chaise de cuisine qui restait au milieu du salon après le départ des invités. Fatiguée et concentrée à préparer le bagage de Nino qui partait en colonie le lendemain aux aurores, alors qu'il était minuit, je lui ai dit de se débrouiller. Pourquoi c'est moi qui dois savoir où est la place des choses dans cette maison, la barbe à la fin ? Maintenant ce concept possède un nom, cela s'appelle la charge mentale. Et quand j'ai vu ladite chaise *posée sur la table à manger*, j'ai trouvé ça tellement violent que j'ai réellement pensé à m'enfuir…

À moins que ce ne soit l'ange gardien d'Arno qui essaie d'éviter le pire, face à ses absences et maladresses répétées et qui sent mon exaspération monter… Avouons que je ne me suis sentie, ni aidée, ni protégée comme j'aurais aimé l'être face à l'attaque du voisin et à la mort du jardin.

L'intervention de l'inconnue aux airs de Fifi Brin d'Acier, héroïne de mon enfance, me rappelle l'aventure dans le métro parisien, racontée par une amie, après coup hilare. Assise sur un banc, déçue et à bout, elle pleurait de désespoir en envisageant de divorcer de son mari prénommé Raphaël. Et là, un grand Noir en boubou vert pomme s'assoit sur le banc en face et, voyant ses larmes, lui tend sa carte de visite. C'était un marabout et sur la carte il était écrit : « Prof. *Raphaël* – Amour, Argent, Profession – couvre tous vos besoins »…

Dé-clôturer

L'autre soir en traversant le salon un peu vite, je me suis pris le petit orteil dans la lourde chaise africaine en bois massif et vu la douleur de chien, c'est bien une fracture. Il n'y a rien à faire, sauf attendre que cela guérisse. JB peut juste m'arranger le lumbago et les cervicales bloquées qui se sont déréglées à la suite comme des dominos. Il me fait craquer les vertèbres, me remet d'équerre le sacrum, le crâne et les os du pied avec leur signification imagée : l'astragale pour le lien entre les astres et Gaïa… Au niveau symbolique, la fracture de l'orteil est un problème de *territorialité*, en lien avec le méridien de la vessie, et cela nous ramène encore et toujours à la perte du jardin. Le concept de jardin est essentiellement un endroit *clos*, c'est l'enclos, la serre, espace protégé conçu pour cultiver de jeunes pousses, quelle que soit la culture, horticole ou artistique. Il n'y a pas lieu d'être triste, c'est un message d'en haut, de ma partie sacrée et créative, pour me sortir de *l'enfermement* que représente cet *espace clôturé.* Faire valoir toujours ma volonté trop forte m'enferme dans un modèle trop rigide et bloque la voie à autre chose que le destin veut me montrer, quelque chose de bien plus magnifique ! La disparition de ma création enfermée dans cet espace clos signifie *l'ouverture* vers l'ailleurs. Nino grandit, il s'affranchit et va vivre sa vie d'ado, tandis que ma créativité, c'est-à-dire mon écriture va se décloisonner. Il est vrai que pour le moment, tous mes textes sont sagement enfermés dans l'ordinateur…

Ma culpabilité de n'avoir pas su protéger les êtres du toit est balayée d'un : « Penses-tu, tu les as recueillis blessés et amochés, ils ont été soignés dans cet endroit clos et carré et ensuite tu leur as rendu la liberté, tu les as relâchés dans le macrocosme. » Eh bien, vu comme ça, c'est formidable.

Meszaros appartient – d'après mon étiopathe-devin – au même égrégore que mon ex-cheffe (ma meilleure ennemie, une autre histoire), il projette sur moi toute la haine de ce qu'il ne possède pas, la vie, la joie, l'amour, la lumière…

Confrontée aux affres de voisinage, aussi absurdes qu'elles puissent paraître, je me fais la réflexion que j'avance malgré tout sur le chemin du dégagement. La persécution s'écarte : si pendant mon enfance j'avais été sous la coupe de ma mère, puis, dans ma jeunesse, sous l'emprise de mon premier mari, et qu'après le divorce, j'ai subi les brimades d'une ex-amie devenue cheffe, pour finir maintenant avec les avanies d'un voisin, c'est que cela va en s'éloignant ! Il n'y a rien de plus proche et de plus intime qu'une mère ! Un conjoint, c'est encore jour et nuit. Un employeur, ce n'est plus que huit heures par jour. Et maintenant le voisin, à part les parties communes, n'a plus de prise sur ma vie. Me confronter encore et toujours avec le même genre d'enfermement symbolique, c'est mon destin, mais un destin n'est pas une fatalité ! Je peux l'affronter pour me défendre et le résoudre. La confrontation au mal est la grande question de notre vie, n'est-ce pas ? La mère ? J'avais opté pour l'éloignement géographique. L'époux, je lui ai résisté puis je l'ai quitté. La boss, j'ai trouvé une manière de ne pas entrer dans son jeu, de ne pas me laisser entraîner dans la guerre, pour au final emporter une victoire yin, dont je ne suis pas peu fière. Et le voisin ? J'ai effacé le jardin et maintenant que le combat de sa vie n'a plus d'objet, que la raison d'être de sa colère qui le tenait débout, a disparu, contre quoi se battra-t-il ? Il risque de mourir d'ennui…[13]

Chaque matin arrive dans ma boîte mail une citation du *Dialogues avec l'Ange*, un texte à nul autre pareil, mon livre de chevet, et cet extrait matinal est toujours en phase avec mes préoccupations du moment :

> G. Quel est mon chemin ?
> – Fais bien attention !
> D'UN CÔTÉ – L'AMOUR.
> DE L'AUTRE – LA LUMIÈRE.
> TU ES TENDUE ENTRE LES DEUX.
> C'EST TON CHEMIN.
> Il y a cent morts entre les deux.
> L'Amour est porteur de la Lumière.

13. Je ne croyais pas si bien dire, l'avenir le montrera.

L'AMOUR N'EST RIEN SANS LA LUMIÈRE.
LA LUMIÈRE N'EST RIEN SANS L'AMOUR.

Est-ce cette lumière, parfois trop crue, coupante comme un laser, qui fait mal à Meszaros, ce fantôme au teint cireux, pâle comme une craie, malade à l'existence recluse ?

Contrastes

Marko Pogačnik est venu à Paris pour participer à l'exposition *Être pierre* au musée Zadkine. Il a donné une conférence aux Beaux-Arts et un stage consacré au monde minéral. Nous avons passé une première journée magique dans la merveilleuse forêt de Fontainebleau à communiquer avec ses fabuleux rochers, et la seconde avec les pierres de Paris, tout aussi vivantes et pleines de conscience, bien qu'emprisonnées dans les murs de la ville, asservies par l'humain. Le groupe, sous l'égide de l'artiste slovène, a œuvré, entre autres, à la réconciliation de la Seine avec les pierres des quais qui la canalisent, alors que les fleuves préfèrent tant être libres ! La forêt de Fontainebleau, si lumineuse grâce à son sol en silice, est habitée par les êtres de la haute conscience de la nature. À leur rencontre, Pogačnik a fini par élucider le rôle de la Ville Lumière que la capitale française peut jouer sur la planète grâce à leur soutien.

L'apothéose, ça a été le vernissage à Zadkine, un monde fou se pressait dans le jardin, les gens commencent à se rendre compte que le lien avec la nature est en train de se distendre et que les artistes donnent des clés pour le renouer. Beaucoup de beau linge également, mais comme notre Marko ne s'intéresse guère aux mondanités, il a passé son temps à réveiller les pierres endormies du musée ! Les festivités battaient son plein, quand il m'a confié tout heureux que des dévas géantes et des divinités du monde minéral se lèvent pour se joindre à la fête qu'ils s'approprient, elles se sentent à l'honneur, c'est leur célébration, une nouvelle relation avec les humains se noue.

Je suis au neuvième ciel, Marko est exposé à Paris, les pierres dansent avec nous, mon premier livre va sortir (fait notable, j'ai signé le contrat d'édition le jour de l'entrée de Jupiter dans mon signe, comme d'habitude ça n'a pas traîné !) bref, le monde est un endroit agréable.

Et c'est à ce moment-là que tombe un mail de notre syndic avec dans l'objet : *Affaire Meszaros.* Je clique, curieuse de savoir de quoi il s'agit, pour moi cette affaire est close. La copropriété a demandé l'arrêt de la procédure (désormais sans objet) et voilà le courrier de notre avocate qui nous transmet les conditions de la partie adverse : 1. établir un procès-verbal interdisant l'entreposage de pots des fleurs sur le toit du local ex-loge, 2. l'accompagner d'un courrier de notre part nous engageant dans ce sens et 3. voter pour cette résolution. Enfin, nous nous obligerons dans la foulée d'informer tout potentiel acquéreur de cette interdiction sous peine de verser 50 000 euros à M. Meszaros.

Et puis quoi encore, une montre en or ornée d'une fontaine (dirait le Slovène) ? Maintenant que j'ai tout enlevé, je dois m'engager contre 50 000 euros ? En quel honneur ? En vertu de quel droit ? Et ce torchon est signé par une avocate que *nous* payons ? Engagée par un syndic qui a oublié de mettre deux scrutateurs à l'AG alors qu'il n'est payé que pour cela, veiller à la procédure…

Au moins, maintenant, c'est clair, il s'agit d'un cas de harcèlement avéré.

Il est intéressant d'observer comment les mécanismes du *mobbing*, de l'anglais *mob* – la meute – se mettent à l'œuvre : à la prochaine réunion du conseil syndical dont fait partie mon doux mari, les voisins lui suggéreront que l'on plie pour satisfaire le harceleur du 2e étage. En regardant la pointe de leurs chaussures (car l'humain possède un sens inné du bien et de la justice), tous reconnaîtront qu'on a affaire à un fou qui continue la procédure bien que le toit soit vide. Voilà comment une personnalité agressive et insatisfaite sème la zizanie dans un collectif, ça met tout le monde mal à l'aise, nul ne sait plus sur quel pied danser et comme les autres font tout pour calmer le violent et éviter le conflit, du coup, la pression est exercée sur la victime, censée s'écraser encore plus. Exemple, cette formulation du procès-verbal où l'agresseur et l'agressé sont mis sur pied d'égalité : « 3/ Résolution 15 Suite à des échanges avec M. Mezsaros et M. Blisse, il semble qu'un terrain d'entente puisse être trouvé pour éviter une procédure longue et coûteuse pour les deux parties. Le dialogue entre les deux parties et les modalités d'un accord possible est en cours. »

Alors qu'il n'y a plus un brin d'herbe qui dépasse !

La question n'est pas d'accuser les autres de lâcheté ou d'injustice, les autres doivent s'arranger avec eux-mêmes.

Non, la question est de savoir comment *moi*, j'engendre *ce champ de persécution*. Car avec l'expérience de la vie, je sais que c'est *le même* qu'avec mon premier mari, mon ex-patronne et maintenant ce voisin – chaque fois on me perçoit comme la pierre d'achoppement qui perturbe la paix collective.

Clarissa Pinkola Estés a trouvé les mots pour me consoler : « On vous a qualifiée d'insolente, d'incorrigible, d'insurgée, d'effrontée, de rebelle, de sans foi ni loi ? Vous êtes sur la bonne voie. »

III
La débâcle

« On éduque les femmes pour qu'elles deviennent des machines à donner et les hommes pour qu'ils deviennent des machines à recevoir. Imaginer à quoi ressemblerait notre paysage amoureux si les femmes restaient inflexibles sur le respect de leurs besoins, et si elles avaient toujours les moyens matériels de le faire, est l'une des fantasmagories les plus satisfaisantes que je puisse nourrir. »

Mona Chollet, *Réinventer l'amour* (2021)

Dans le flux

La vie reprend son rythme de croisière, parsemée de petits cailloux blancs qui vous indiquent que vous êtes dans le flux. Un matin, par exemple, mon réveil sonne, Arno se colle à moi, nous avons encore le temps d'un petit câlin, c'est mercredi, les enfants commencent une demi-heure plus tard. Le petit câlin devient grand et très prenant, de plus en plus passionné. Pile à l'instant où l'on s'effondre sur le lit tous les deux après avoir joui comme des cerfs sauvages, le réveil se met à chantonner sur la table de chevet d'Arno. Tout est dans les temps, la journée va commencer.

La géaculture fait partie de ma vie, et partout je constate que les réponses de la nature sont immédiates ! Même en vacances de ski, sport qui a pourtant perdu tout lien avec l'environnement, inconfortablement installée sur le télésiège par une journée ensoleillée, j'admire un beau nuage en forme de griffon qui s'élance à l'assaut du Grand Niélard, un sommet rocheux en forme de tête de loup. J'observe ce griffon consciemment, *je te vois* ! lui dis-je dans mon for intérieur, *je te vois*, je lui répète en jubilant. Puis je continue à embrasser la vallée du regard et quand je relève la tête vers le ciel, le dragon-griffon non seulement est toujours là, mais il s'est doté d'yeux ! Une paire de mirettes triangulaires placées à la bonne place dans sa tête ! Me disant par là que lui aussi il me voit !

« C'est un grand mystère que ce rôle de l'observation en physique. Qui sont les observateurs ? La conscience joue-t-elle un rôle ? Si oui, quels membres du collectif de consciences participent à la réalité ? » Je lis le soir dans mon lit, un entretien avec Philippe Guillemant dans le magazine *Kaizen*[14].

À la fin des vacances, en marchant vers la gare de Moutiers en cette fin d'après-midi coupante de froid, j'observe la beauté des pierres qui bordent les trottoirs de la ville alpine, en calcaire marbré dans les teintes grises et violettes. Il doit s'agir d'une roche locale, me dis-je en les admirant de tout mon cœur. J'avance en équilibre sur cette bordure, *toc toc toc, mes pierres, mes sœurs, mes frères, que vous êtes beaux, je vous fais un coucou.* Croyez-le ou non : dix mètres plus loin, le cosmos me jette un caillou blanc en forme de cœur en plein milieu du trottoir !

De retour à Paris, tandis que je m'occupe enfin, après quelques mois de pause, des dernières finitions avec notre entrepreneur polonais, afin que l'on puisse déclarer ces travaux officiellement terminés, un coup de fil m'informe que Mme Bourdon est morte. Elle est partie

14. *Souffle quantique,* hors-série n° 10

la veille, dans l'après-midi, pendant la sieste à l'hôpital, probablement à l'heure où Arno a essayé de la joindre, car les chocolats qu'on lui avait destinés à Noël étaient toujours sur l'étagère. Cent trois ans est un bel âge pour changer de dimension, mais c'est étrange, un cœur qui s'arrête de battre, ça laisse un vide. Dire que l'on a hésité à faire les travaux pendant trois ans, en attendant son départ annoncé à la maison de retraite. Si son appartement est mis en vente, ce sera juste au moment où nous aurons fini notre rénovation…

Le 3e étage et sa terrasse

Quelques semaines plus tard, le jour de la sortie de mon premier livre, pour célébrer, Arno m'invite dans un restaurant étoilé du côté du musée Rodin. Les douze plats du menu gastronomique Le Jardin d'hiver, tout en légumes, sont une pâmoison. (Le lendemain, pour le remercier, je lui dirai par texto que j'ai probablement fait le caca le plus cher de ma vie, mais que je garderai de cette soirée un souvenir éternel!) Entre les serveurs et les sommeliers réglés comme une chorégraphie contemporaine, je m'extasie devant la synchronicité de l'étiquette du vin rouge qui nous est servi: *Odysée, Les Poëtes, vin noble de Reuilly*, tant il est vrai que la publication de cet ouvrage est l'accomplissement d'une longue *odyssée*, qui a commencé pour moi en France métro *Reuilly*, et que je suis devenue *poète* dans le sens profond de *poïésis* – créatrice consciente de mon monde.

En plus, je me rends compte avec émerveillement que nous sommes le 8 mars et que donc cet ouvrage de teneur écoféministe qui suggère aux femmes de se réapproprier leur puissance de procréation naturelle, arrive en librairie en pleine Journée de la femme !

Plus en arrière, ce jour marque également mon affranchissement du premier mariage : fraîchement célibataire après m'être dégagée de l'emprise d'un machiste misogyne, j'ai emménagé dans mon nouveau chez-moi un mémorable dimanche 8 mars. J'étais tellement légère que pendant un an, j'ai flotté à dix centimètres du sol…

Quelques années plus tard, c'est mon père qui a choisi la nuit du 8 au 9 mars pour quitter notre univers 3D.

Pour une obsédée du « syndrome d'anniversaire », la barque de ce jour est bien chargée !

À un moment au cours de ce repas somptueux, Arno s'éclipse et, mécaniquement, je consulte mon portable. Ah, un message vocal. C'est une agente immobilière qui prévient que l'appartement de Mme Bourdon est à vendre ! D'émotion, je manque de tomber de la chaise. Une telle nouvelle par un jour si particulier ? On dirait que l'avenue de la réalisation s'ouvre devant moi. Est-ce mon père qui me fait signe ? Il était jardinier dans l'âme et la terrasse de cet appartement est liée à la possibilité d'un potager sur les toits.

Le lendemain, c'est Arno qui est estomaqué par sa coïncidence. En rentrant d'une course, il est tombé sur une dame qui s'acharnait sur la porte de l'immeuble en ayant mal composé le code. C'était l'héritière de Mme Bourdon ! Quand je renchéris que moi aussi, en rentrant de bureau, j'ai rencontré devant les boîtes aux lettres non seulement cette cousine et son mari, mais aussi l'agente, il n'en revient pas… Dans les jours qui suivent, il s'avèrera que l'agente Nicole Leprince est l'amie de notre meilleure voisine Claude, et que nous avons d'autres connaissances communes dans le quartier. L'équipe pour réaliser ce projet immobilier a l'air fin prête.

Ça y est, je me revois en Sémiramis des toits ! On fait des calculs avec Arno, qui n'est pas très chaud. Dix mètres carrés de plus et une terrasse c'est hors de prix à Paris. Mais Nino aurait une vraie chambre et moi, je pourrais installer mon cabinet des Fleurs de Bach dans la salle à manger. Déménager dans l'immeuble nous permettrait de garder la même adresse, cela nous éloignerait du bruit du square, et en prenant un crédit raisonnable, on devrait pouvoir y arriver. Dernier avantage, et non des moindres, passer du 1er au 3e étage nous ferait passer par-dessus les Meszaros ! Fini de subir le bruit de leurs pas au-dessus de nos têtes, ce serait à eux de subir les nôtres. La sensation de revanche a quelque chose de délicieux.

L'acharnement

Meszaros, justement. Le jour de l'expulsion des zadistes de Notre-Dame-des-Landes à coup de deux mille cinq cents gendarmes – quel est ce pays qui a peur de deux carottes et quatre laitues libres ? – c'est aussi la réunion du conseil syndical. Arno y apprend que notre cher voisin continue sa lutte juridique contre la végétation sur le toit. Quelle végétation, je vous prie ? Depuis l'année dernière, il n'y a plus une cellule de chlorophylle à cet endroit. Alors que les terrasses et les façades verdissent à Paris comme des champignons après la pluie, et ce, jusque dans le 16e arrondissement, le plus rétif à l'écologie, c'est dire ! La succursale de la Grande épicerie rue de Passy s'est habillée d'un mur végétal, ainsi que l'immeuble repris par Rituals et Naturalia. La tour Montparnasse elle-même est en passe d'être végétalisée, de lisse, noire et phallique elle passera à large, verte, et un peu échevelée à ses bases, tout le quartier sera transformé en « forêt urbaine » (bon, on attend de voir dans quelle mesure cela se réalisera…). Cette tendance prouve que les gens sentent inconsciemment que l'oxygène commence à manquer, surtout en ville. Les médias nous rebattent les oreilles avec le carbone, on dirait qu'on baigne dedans, mais le carbone, d'abord c'est la nourriture des plantes et ensuite, il y en a des quantités infimes dans l'air. Je vous défie de répondre à la question de savoir quelle est la teneur du dioxyde de carbone de l'atmosphère terrestre ? Elle est d'à peu près… 0,04 %. En revanche, ce qui nous permet de respirer nous autres humains, c'est l'oxygène. Celui-ci compose 21 % d'atmosphère, or, ce taux ne cesse de diminuer depuis trente ans ! Nous en utilisons plus qu'il ne s'en fabrique, ce qui est autrement plus préoccupant que la hausse du carbone. La combustion des fossiles pompe l'oxygène à grande échelle, dans les villes il n'y en a plus que 17 %. À Mexico City, ce taux tombe à 14 %. Ce manque engendre fatigue et troubles de concentration. La mode récente de toutes sortes d'exercices de la respiration consciente prouve que les gens ressentent ce manque dans leur corps et tentent d'y remédier. Et l'un des remèdes majeurs à l'échelle de la planète serait la reforestation. Il faudrait planter, planter, planter sans relâche.

Et nous ? Nous, la copropriété rétrograde gérée par des vieux mâles psychorigides, allons introduire dans notre prochaine assemblée générale une motion précisant que *plus jamais* il ne peut y avoir la moindre fleur sur le toit incriminé ! La motion, si elle est votée, sera inscrite aux hypothèques ! Ceci dans l'espoir de calmer ce maniaque de la vengeance qui continue son procès contre les « plantations » depuis longtemps disparues. Au tribunal de grande instance, l'audience de février a été reportée…

En consignant tout cela, je regarde par la baie vitrée, un ciel strié de nuages carrés. Maintenant, on a des nuages géométriques, au lieu des formes libres, bouffantes et arrondies de mon enfance, ils parcourent le ciel en lignes droites qui se disposent en carreaux écossais…

Tout cela me donne des boutons, littéralement. Depuis quelques mois, ma peau s'est parsemée de petites taches rouges ingrates. Le dermatologue de la rue de Rennes, dont le cabinet est rempli de tikis de Polynésie drôlement habités, m'a diagnostiqué un psoriasis. Le voyant me prescrire une pommade à base de cortisone et d'aspirine, je me suis insurgée :

– Vous n'avez rien d'autre à me proposer ? Quelque chose qui soigne ?

– Non, il m'a rétorqué en me tendant l'ordonnance, moi, je vous donne ça, et vous, vous vous occupez du yin et du yang.

Voilà l'état de notre médecine allopathique, un paradigme mécaniciste où le corps et la psyché surfent sur deux rails séparés. Nous sommes loin du modèle de l'ancienne Chine où toute la famille visitait le médecin une fois par an, pour ajuster ce qui clochait, visite payante, puis si quelqu'un tombait malade, le docteur devait le soigner à ses frais. Ainsi, la maladie ne pouvait pas engendrer de bénéfices économiques.

Évidemment, je le savais d'avance, la crème dont je me badigeonnais le corps, disciplinée comme je suis, pendant trois semaines, n'a servi à rien. Aucun mieux. Pour savoir de quoi il retourne, je suis allée consulter le formidable *Grand dictionnaire des malaises et des maladies* de Jacques Martel[15]. Selon lui, le psoriasis serait la conséquence de

15. Aux éditions Quintessence (2007).

deux séparations, deux. « Car le psoriasis implique qu'il y ait eu une double séparation, ou avec mon conjoint et un projet de travail (« mon bébé »), ou n'importe quelle autre combinaison qui implique une séparation avec deux personnes ou deux situations que j'aime et qui me tiennent à cœur. » Cela me parle à un point où j'en ai la gorge nouée. Ces deux dernières années, j'ai dû effectivement faire le deuil de deux choses auxquelles je m'adonnais avec passion. Dans ma vie professionnelle, où j'avais été engagée de tout mon être, mais toujours la tête contre le mur, je me suis retirée intérieurement, acceptant enfin *ce qui est* et ne me battant plus pour ce qui d'après moi *devrait être*. Après vingt ans de lutte, c'est un mouvement de retrait intérieur qui me laisse à la fois démobilisée et dénuée de sens. Une capitulation, quoi. Seconde grosse séparation, le jardin sur le toit. L'auteur préconise l'acceptation. J'ai du pain sur la planche.

Je ne suis pas la seule à souffrir de cet état des choses. Mon magnolia chéri, mon beau magnolia étoilé aux délicats pétales blancs que je m'étais acheté toute seule comme un cadeau à la femme que j'étais un beau huit mars il y a des années, a renoncé à fleurir cette année… J'y pense parce que je vois ses congénères de la rue Boulainvilliers fleurir avec un mois de retard cette année. Normalement, cet arbre fait une abondante floraison pendant trois semaines en mars. Exceptionnellement, mon arbre sur le toit avait fleuri durant tout l'hiver de mon année sabbatique où je passais le plus clair de mon temps à la maison. Comme s'il sentait que cela valait le coup de produire des fleurs, que quelqu'un s'en réjouissait ! Je sentais que cette floraison inhabituelle, étendue sur plusieurs mois, m'était destinée. La plante comprenait que j'avais besoin de beauté après des déboires de ma vie professionnelle. Les végétaux ont une conscience !

Et maintenant qu'il a quitté sa place privilégiée devant ma fenêtre de cuisine, où il était constamment dans le giron de mon regard, exilé dans la cour de l'immeuble, ce petit arbre n'a pas produit la moindre fleur ce printemps, rien. Comme si je lui manquais… J'ai beau le saluer tous les matins en allant chercher mon vélo, visiblement, cela ne lui suffit pas. Loin de mes yeux, il a froid.

En revanche, nos affaires immobilières, c'est chaud brûlant. Malgré les réticences d'Arno qui a toujours peur de manquer, nous avons fait une offre aux héritiers, l'agente nous a trouvé des acheteurs pour notre appartement, la banque est prête à nous faire le crédit pour les fonds manquants et j'ai déjà la clé du troisième (puisque c'est moi qui arrosais les plantes sur la terrasse, déjà du vivant de Mme Bourdon qui ne pouvait plus se déplacer). Du coup, on a pu le visiter avec la mère et la sœur d'Arno, toutes les deux réputées difficiles, et toutes les deux emballées par l'affaire. Tandis que de mon côté, je dessine déjà la nouvelle disposition des pièces et les cloisons à abattre, enthousiaste de ce cadeau de la vie qui nous permet de rester dans le quartier en nous offrant une pièce de plus et un extérieur qui nous manquaient cruellement.

La cabale misogyne

Nous avons fraternisé avec nos acheteurs qui sont venus visiter plusieurs fois. Déjà à la première visite, tandis que je négociais le prix avec le mari dans la cuisine, Nicole, notre très poétique conseillère immobilière, et Mme Kis, tombée amoureuse de notre appartement, répétant qu'il a un charme fou, parlaient « femme cosmique » dans le salon. Cette très discrète prof de fac enflammée pour les idéaux féministes porte un nom d'origine hongroise, comme notre voisin du dessus, coïncidence qui m'apparaît comme un antidote possible au poison Meszaros.

À propos de ce dernier, Nicole, en se plongeant dans le dossier « toit », a qualifié l'attitude de notre syndic et du conseil syndical de… cabale. C'est le mot qu'elle a utilisé ! Et quand je lui ai demandé de me révéler le fond de sa pensée, elle m'a expliqué le plus sérieusement du monde que c'est une cabale de mecs contre les valeurs féminines, la vie, les plantes. Même si c'est inconscient, à leur insu, ce qui est vivant les dérange. Soudain, je me suis sentie moins seule.

Un dimanche matin, au cours d'un ménage frénétique en attendant la visite « finale » de nos acheteurs, je tombe dans la cuisine sur une pièce de deux euros bizarre. Je la regarde mieux et voilà, on y voit une boucle d'Arduinna ![16] Je suis estomaquée – si Arduinna nous fait un clin d'œil le jour de la visite décisive avec sa rune Othel, c'est que la vente va marcher !

En effet : le lendemain matin, l'offre signée par M. et Mme Kis arrive par mail, et énorme surprise, ils paient comptant ! Même notre banquière n'en revient pas, exit le crédit relais. Merci, Arduinna !

En vertu de la loi de séries, je reçois le même jour par courriel le commentaire de mon texte sur Arduinna que j'avais fait lire à un ami géaculteur : « Au début de ton écrit, j'ai d'abord eu une série de flashs concernant des rituels celtes liés à l'union du masculin et du féminin. Tu opérais dans ce cadre préparatoire… au fil du récit, ta colère contre la religion monothéiste a trouvé écho en moi sur une colère contre l'époque "matrifocale" qui a complètement dévié. C'est pourquoi le christianisme avait bien sa place. Cependant tout comme cette période matrifocale a dévié, il en a été de même de celle patriarcale. Maintenant nous avons les outils pour harmoniser et tirer des leçons de tout cela, mais pas facile ! Les hommes et les femmes se sont fait réciproquement beaucoup de mal au cœur de ces déviances. Puisse-t-on aujourd'hui trouver une forme de réconciliation entre ces deux périodes en en tirant la "substantifique moelle" réconciliatrice. »

16. https://argus2euros.fr/france-2017-ruban-rose/

En même temps que nous vendons/achetons notre appartement, le débat fait rage dans l'immeuble sur l'affaire Meszaros. Comme Nicole Leprince, qui n'est pas partie prenante, juste une femme fine qui sait déceler la misogynie, a qualifié l'affaire de « cabale », cela m'a encouragée à demander de faire venir l'avocat de la copropriété à l'assemblée générale. Déjà l'année dernière, il/elle aurait dû y être, vu que l'on a admis la présence de celui de notre voisin qui attaque... Le syndic a donc commis deux fautes en faveur de l'adversaire, comme s'il avait partie liée avec lui. Avec le concours du président du conseil syndical, un faux mou qui ne veut fâcher personne mais qui sait manœuvrer la copropriété comme ça lui chante, et plutôt mourir que de céder sa place qui lui donne l'impression d'exister. À eux deux, ils ont intrigué pour reporter le procès perdu d'avance par Meszaros, car sans objet désormais, à l'après-AG, pour pouvoir introduire une résolution qui s'apparente à une modification de règlement de copropriété. Pendant que la mairie verdira la tour Montparnasse, notre immeuble gravera dans le marbre l'interdiction de verdure...

Le samedi de Pentecôte, on installe l'arrosage automatique sur la terrasse de Mme Bourdon, comme si j'étais déjà chez moi. Je prends les photos de l'appart, je les envoie à des amis, je fais des plans, comme si les contrats avaient déjà été signés... Les photos sont révélatrices d'une vérité ignorée à un moment donné. Je noterai après coup qu'avant même de prendre les photos de l'intérieur, j'ai d'abord pris les fenêtres des Meszaros, pour voir s'ils allaient avoir une vue sur nous. Mon inquiétude, le ver était dans le fruit! Il y a dans cette série un portrait d'Arno, entre le soleil et la masse noire de la tour Montparnasse derrière lui, arborant une mine qui en dit long sur le peu de joie qu'il avait à la perspective d'habiter là. Il trouvait la terrasse minable et exposée à la vue des voisins.

Le lundi de Pentecôte, je feuillette la convocation à l'AG de copropriété, atterrée par les sommets de mauvaise foi atteints dans l'assignation. Cela me met en colère, le but espéré de tout harceleur... Ces gens-là se nourrissent des émotions négatives de leur objet de persécution. Si je ne veux pas tomber dans ce piège, je dois mettre la flamme violette, couleur de la transformation et de la purification, sur ma relation avec les Meszaros, au moins pour garder mon calme pendant l'AG. Je m'installe en lotus face à l'espace incriminé, et je visualise d'abord la relation entre M. Meszaros, son épouse revêche et moi-même, afin de définir la nature du lien qui nous lie. Je ferme les yeux et ce qui surgit immédiatement devant mon regard intérieur est une corde en forme d'Y composée de serpents! Monsieur et Madame sur les extrémités supérieures et moi en bas. Cela m'étonne, car j'ai un excellent rapport aux serpents, l'énergie de la terre et symbole de la guérison. Je me l'explique par le « venin craché de haut » à chaque occasion par cette malheureuse. Chez les Slaves, le serpent symbolise aussi l'ennemi – s'il a été trahi, le Slovène dira qu'il a cultivé un serpent sur sa poitrine. Va donc pour les serpents, mais comment apaiser ou purifier un lien représenté par des êtres vivants? J'y mets du violet et l'image se transforme en tête de Gorgone ! Celle du bouclier d'Athéna, ma protectrice ! Figure éminemment apotropaïque. Voilà ce que je mettrai sur la terrasse face aux fenêtres de nos sympathiques voisins quand on déménagera là-haut afin de détourner le mauvais œil.

L'AG, comme attendu, a « dé-voté » l'autorisation des plantes et interdit définitivement toute verdure sur le toit. Conclusion : cet immeuble est géré par une bande de mecs incapables de protéger la VIE face à un persécuteur ! Qui en plus voudraient que je me sente coupable. Sûrement pas. Surtout que le jour même, l'Organisation mondiale de la Santé publie un communiqué disant que la chlorophylle en ville est vitale. Que chaque habitant devrait disposer de vingt mètres carrés d'espaces verts, alors qu'à Paris, on n'en dispose d'à peine cinq… Si les espaces verts améliorent la qualité de l'air, ils permettent aussi une régulation naturelle des températures en ville. Dans les villes « peu vertes », l'OMS observe qu'il y a « plus de maladies respiratoires telles que l'asthme, ainsi que davantage de problèmes d'hypertension et de maladies liées au stress. » Avec mes quinze mètres carrés de verdure sur le toit, j'avais suppléé à ce manque cruel, eh bien, un connard patriarcal en a décidé autrement, et les hommes de l'immeuble lui ont emboîté le pas. Et mon mari est parmi eux…

Synchro City

Entre-temps, notre projet de déménager a pris du plomb dans l'aile. Nos vendeurs n'arrivent pas à mettre la main sur l'avis de décès de Mme Bourdon, quant à notre notaire, il est simplement introuvable. Bloqué des deux côtés. Confrontée en plus à très peu d'enthousiasme de la part d'Arno, qui traîne les pieds, n'a pas trop envie de contracter un crédit, bref, se laisse complètement porter dans cette affaire, je commence à concevoir des doutes.

Très à propos, Philippe Guillemant, le théoricien de la physique de la conscience, lance avec ses collègues universitaires une expérience scientifique en ligne nommée "Synchro City" pour tenter de prouver d'une manière statistique (notre seule science...) que la synchronicité fonctionne. L'expérience consiste à tirer au hasard une image et une phrase proposées par un générateur aléatoire, puis dire si elles ont une correspondance significative avec ce que l'on vit. Avant le tirage, il faut poser une question, la mienne est évidente, il me taraude de savoir si cet achat d'appartement à la terrasse qui ne bouge pas, mais qui est censé changer mon avenir, devenir une « paysanne de Paris », est-ce que tout cela est vraiment pour moi ? Je prends une inspiration profonde et clique sur le rideau violet pour ouvrir l'image. En découvrant le résultat, j'ai le souffle coupé. Littéralement. On dirait que j'ai reçu un coup de poing en plein plexus solaire.

Mieux vaut faire envie que pitié

Voilà pour la descendante d'une longue lignée de pulmonaires qui considère les végétaux comme ses poumons ! Mais là, ce serait mon passé qui s'exprime. S'il devait s'agir *d'un message envoyé de mon futur* – ce que sont les vraies synchronicités, à savoir deux choses reliées par un lien sans cause apparente – cette image m'indique qu'il faut insister avec la végétalisation, sinon on finira tous sous un masque à gaz. Raviver le lien avec la nature, les pierres, les plantes, est ma mission dans cette vie ! Ces toits, ce sera ma ZAD.

L'adage sous l'image m'assène le coup de grâce : c'est la phrase récurrente de Krissy en réponse à ma culpabilité.

E pur si muove! En fin d'après-midi, un texto de l'agente nous apprend que la signature devrait se réaliser prochainement.

Si l'immobilier s'est décoincé, en revanche, c'est notre vie conjugale qui connaît quelques remous. Je dors sur le canapé depuis les mots qu'on a eus avec Arno dimanche. Comme il est membre du conseil syndical, lequel dispose d'un budget pour couvrir les petites dépenses, je lui ai présenté la facture du terreau et de l'engrais achetés pour la cour. Avant, je prenais ça sur mon compte, mais vu la tournure qu'a prise ce voisinage, je ne compte plus faire de cadeau. Or, Arno, voyant la facture, me rétorque : « Ah, comme si tu n'avais pas déjà coûté assez cher à la copropriété. »

C'est moi qui coûte cher à la copro ? Moi qui ai passé trois heures de mon temps libre la veille dans la cour pour rempoter, enlever les herbes envahissantes, balayer les feuilles mortes et arroser, j'en ai frôlé le tour de reins… C'est moi qui coûte cher et non pas cet idiot de Meszaros ? Qui lui-même, selon sa propre expression, « me regarde trimer ! » Mon « ennemi » me *voit* trimer et mon mari ne me voit pas…

Je ne me sens pas reconnue et appréciée dans mon propre foyer, pas protégée dans mon couple. Plus largement, le même problème concerne toute cette communauté de voisins où les femmes ne sont pas incluses et leurs valeurs sont niées ! Littéralement, car le conseil syndical est composé exclusivement d'hommes, il ne compte pas une seule femme, c'est la République islamique. Le yin et le yang ne sont pas équilibrés, il y a une prépondérance du vieux yang raide, celui qui ne jure que par les paragraphes et le juridique, ce même cadre légal qu'ils sont infoutus d'appliquer pour protéger la communauté ! Bref, j'enrage, trois nuits sur le canapé[17].

Pour Arno qui ne veut surtout pas faire de vagues dans la vie, ne jamais déranger rien ni personne, dans le but non avoué de ne pas être dérangé lui-même, ce vers de René Char :

Ce qui vient au monde
pour ne rien troubler
ne mérite ni égards ni patience

Et bim, dirait Nino.

Fâchée sur mon canapé, j'ai rêvé que le toit fuyait, il pleuvait à travers. Puis on s'est envolés avec Arno. On a percé avec nos têtes une mince couche de nuages, puis une autre. Entre les deux, on s'est perdus. Dans *Le Nouveau dictionnaire des rêves*[18] de Tristan Frédéric Moir, le toit symbolise le mental ou le « toi ». Et voilà, chez moi le « toi » fuit ! Voler signifie fuir une réalité trop pesante. Et les nuages la dispute…

---

17. Pendant cette période de bisbille dans le couple, pas avant, ni après, j'ai été bombardée par les pubs de Meetic, de Tinder et d'un site de rencontres pour les gens mariés. Hasard ou mobile mouchard ?
18. Aux éditions de l'Archipel (2015).

Les beaux jours sont là et deux pigeons ramiers se font une cour bruyante côté cour, voletant de-ci de-là en battant des ailes et en roucoulant. Ils sont déchaînés. D'ailleurs avec toutes ces plumes qui volent, on ne sait pas très bien s'il s'agit d'une parade nuptiale ou d'une lutte. Cela en dit long sur les rapports entre sexes, même chez les oiseaux. Il semblerait bien qu'ils aient élu domicile sur le rebord extérieur de notre future terrasse, sous les feuillages de lierre.

Ce couple de « colombes de la paix » dans cette cour d'immeuble, et *a fortiori* sur cette terrasse sujette à contestation, me semble de bon augure dans le contexte querelleur du voisinage.

Le nettoyage karmique

Notre notaire nous avoue enfin ce qui le chiffonne dans ce dossier : la formulation pas claire au sujet de la terrasse… Il « continue ses investigations » et nous signale que nous sommes encore loin de clore l'affaire. C'est le brouillard et comme la problématique du voisinage fait partie des schémas de persécution que je suscite inconsciemment, je prends rendez-vous chez Mina pour un nettoyage karmique. Il n'y a que sur soi qu'on peut vraiment travailler. Et sur le rapport entre le féminin et le masculin à l'intérieur de soi.

Mina se tient bien droite sur son trépied telle Pythie, à deux mètres de son beau lit tibétain en bois sombre, sur lequel elle m'a allongée. Elle parle de résidus des ressentiments et des souffrances affectives, de ma naissance oppressante, du difficile héritage émotionnel de mes parents. Rien de nouveau sous le soleil, des choses mâchées et digérées maintes fois, mais elle continue à tirer le fil invisible, telle une Parque à l'envers, pour détricoter mon karma. À un moment de cette longue séance, elle voit un jeune homme placer sa main sur mon genou dans un geste qui m'incite à patienter, tandis que je me lime les ongles… Ce serait notre notaire qui me protège et voilà l'idée de cette féminité passive qui n'a rien à faire, juste à maintenir une attitude de yin réceptif. Autrefois, quand je désirais un enfant qui ne venait pas, Hélène la Crétoise, ma psy, m'avait déjà servi cette image de la féminité passive. « Une femme, ça reste sur une chaise longue avec un éventail et ça se laisse servir, m'avait-elle houspillée, et vous, vous voulez tout faire toute seule ! »

Bon, bon, bon, je cours m'acheter une lime (et un éventail !)

La séance a duré trois heures, en me levant de ce lit, j'ai l'impression que quelque chose s'est aligné en moi. Je ne sais absolument pas comment ça marche, et la karma-thérapeute non plus, mais toujours est-il que maître Minier, qui n'a pas répondu à mes quatre derniers mails ni à aucun des coups de fil de l'agente, a essayé de me joindre au cours de cette séance censée débloquer mes affaires immobilières ! Avec Mina, on éclate d'un rire énorme en voyant ce coup de fil suscité par notre travail, et sur le seuil, elle me lance : « Voilà, sois sans soucis, en attendant que les choses se passent, lime-toi les ongles tranquillement. »

Sauf que le lendemain, on constate qu'un document essentiel de Mme Bourdon s'est perdu ! Encore une nuit d'insomnie, le matin, je suis épuisée à pleurer. J'en ai même oublié l'anniversaire de notre mariage…

Au comble d'angoisse à cause de notre projet bloqué, ma prof de gym me propose une défusion kinésiologique. Évidemment, la phrase « On achète l'appartement » teste faible. Le problème se trouve sur le méridien de la *conception* ! Ça fait un moment que je me sens face à cette transaction impossible comme à ma période d'infertilité où l'enfant ne venait pas. À trop vouloir un truc, on le bloque ! La phrase de défusion est : « Dans le vouloir je suis réceptive. » Lâcher-prise, te revoilà ! Travailler mon yin est décidément de retour.

La coach de gym à peine partie, comme si son soin kinésio avait débloqué quelque chose, on met ENFIN la main sur le règlement de copropriété initial que l'on cherche depuis si longtemps ! C'est Claude qui l'a trouvé dans ses vieux papiers. Première chose qui me saute aux yeux : ce document est daté du *28 juin* 1950 ! Pour le syndrome d'anniversaire, je suis servie ! Il s'agit de Vidovdan, la Saint-Guy orthodoxe, celle de la bataille du Kosovo, de l'attentat qui a déclenché la Première Guerre mondiale et de la visite de Mitterrand à Sarajevo qui a scellé le sort des Bosniaques ; au niveau personnel, c'est l'anniversaire de ma meilleure ennemie et la date de décès de mon premier mari, dont elle porte la marque des harceleurs ! Cela me donne du fil à retordre. Serait-il plus sage de renoncer, maintenant que l'on sait que cette copropriété est née un 28 juin ?

D'un autre côté, c'est ici déjà, dans les années soixante-dix, dans sa chambre de service que Mlle Chénu, autrice des beaux livres sur le désert, hébergeait un certain Jože Javoršek, le premier auteur slovène ayant écrit en français.

Si on y pense, en m'installant ici, j'avais trouvé *la seule adresse à Paris* où un écrivain slovène avait déjà publié en français (excepté celle où habite Brina Svit). Sur des centaines de milliers d'immeubles parisiens, j'ai choisi le seul qui rayonnait ce champ morphique[19] d'« écrivain français d'origine slovène ». Mon destin s'accomplit donc ici, ça ne sert à rien de le fuir. *Hic Rhodos hic salta.*

Dans les vieilles archives, nous avons retrouvé tout l'historique de l'immeuble depuis 1928, et des bâtiments qui l'ont précédé sur cette parcelle. Où j'apprends qu'en 1856, un marchand de vin avait la charge de s'occuper *du puits* qui se trouvait à l'angle du square. Ce puits a dû être comblé à l'apparition des services d'eau municipale et du tout-à-l'égout. Combler une source d'eau naturelle, même en ville, me semble un crime contre nature. Pourquoi ne pas l'avoir mise en valeur en établissant une fontaine ? Encore un méfait du yang ingénieur, contre le yin qui se fait terrasser, comme s'il n'existait pas. Arduinna, au secours !

---

19. Cf. le biologiste britannique Rupert Sheldrake.

L'araignée

Un soir, en rentrant la bicyclette par la porte cochère, j'ai noté les petites alvéoles dans la pierre meulière en pensant que c'est trop petit pour les nids de moineaux – il paraît qu'après rénovation, les façades parisiennes sont tellement lisses que les oiseaux n'ont plus d'endroit pour nicher. Mais qu'en revanche, c'est assez grand pour les araignées et qu'à cet endroit, au-dessus du code, j'en avais déjà vu de grandes et noires, brrrr…

Le lendemain matin, quand je manœuvre la bicyclette pour sortir par la même porte, une grande araignée est coincée dans le coin juste à côté du bouton d'ouverture. Effrayée, je ne peux pas appuyer, c'est trop près, j'ai trop le dégoût. La panique ! Je remonte chez nous quatre à quatre, j'appuie sur la sonnette comme une folle, au secours, au secours, et je supplie Arno de venir me délivrer, appuyer sur le bouton que je puisse sortir, puis se débarrasser de la bête au moyen de son choix…

Un vrai handicap, quoi !

En pédalant vers le bureau, je réfléchis. On réfléchit bien en faisant du sport. Cette araignée, l'ai-je carrément co-créée, en y pensant la veille ? Dans le sens où nos pensées créent notre réalité, surtout quand il n'y a pas d'autre observateur ? Et si oui, pour quelle raison ? Qui avait besoin que la bête noire apparaisse exactement à cet endroit-là ? Ou comme diraient les adeptes de la théorie du complot : à qui profite le crime ? Arrivée à la hauteur de Bir Hakeim, en humant la Seine, la réponse tombe, limpide. À moi, évidemment ! Ce matin, au petit déjeuner, Arno m'a rappé une chanson qui le hante en ce moment. Il a carrément appris les paroles par cœur :

Tu continues à danser sur des hits sales
T'as mis un pull XL
On voit quand même tes lolos
J'pourrais être ton beau gosse
J'pourrais t'faire du vice car
T'allumes toutes les flammes et
J'suis docile comme un boloss

Il m'a chanté ça de sa voix douce qui me caresse les oreilles et la peau en me regardant droit dans les yeux. Il veut me dire quoi là ? Qu'il est docile ? Qu'il se sent comme un boloss ? Que je suis trop chiante ? Trop autoritaire, trop critique, trop impatiente, trop « je sais ce que je veux »… Trop mère de famille, quoi ?

Dans ce cas, la péripétie de l'araignée m'aurait permis de montrer mon côté femme faible, une « toute petite chose fragile » qui a besoin d'aide et de défense face à un insecte inoffensif, juste moche… Cela a donné à Arno l'occasion de se montrer sous son jour le plus viril de sa force tranquille. Et ça permet de rééquilibrer les choses. C'est à moi que le crime profite. Presque chaque fois qu'une adversité se manifeste, c'est pour nous aider à avancer. Merci, l'araignée.

Corse II

En l'absence d'une date de signature prévisible, on plie bagage et on part rejoindre la famille à Saint-Florent, comme tous les ans au mois de juillet. Être en vacances ne me distrait nullement de mes soucis. Malgré toutes les injonctions de me tenir tranquille et de me limer les ongles dans une attitude yin, j'ai du mal à rester zen. Hystérique de peur de louper cette affaire, je passe des nuits blanches, me réveille en pleurant, mon désespoir impuissant ressemble en tous points à l'état où j'étais quand on n'arrivait pas à concevoir un enfant. À l'époque, l'une des raisons d'infertilité fut le manque de désir du futur père. Je me demande de plus en plus si Arno est partant dans cette affaire. Nous sommes dans la maison familiale en Corse où les légendes du passé se racontent au dîner. Où l'on apprend, par exemple, que le surnom d'Arno enfant a été Cul de plomb, tant son immobilisme est légendaire. J'ai franchement du mal à exercer mon yin face à son yin prépondérant.

Mina l'a bien dit, me voyant dans tous mes états :

– Et Arno, que fait-il pendant ce temps ?

– Rien, j'ai répondu.

– Ah, c'est lui qui fait la femme !

J'ai honte d'être obsédée par cette affaire que mon amie Rose qualifie de « problème de riche ». C'est vrai. J'aurais dû être reconnaissante pour tout ce qui va bien dans ma vie : un enfant sain et joyeux, un mari gentil malgré son manque d'initiative, un toit sur la tête, un job et, cerise sur le gâteau, je viens enfin de publier un livre. Au lieu de me réjouir de toutes ces merveilles, je me fais un sang d'encre à cause d'une terrasse. Je ne suis pas nette. Pourquoi je n'arrive pas à m'éventer tranquille sur une chaise longue en attendant que la vie décide à ma place ?

Une partie de la réponse se trouve dans le livre que je lis en ce moment, *L'Énergie secrète de l'univers*[20] du très sympathique et très savant Charles-Maxence Layet. Parmi les fonctions inconscientes fondamentales, tels la respiration, le sommeil, l'instinct de survie et de la reproduction, gérés par le cerveau reptilien, compte aussi *la défense de territoire* ! Cela m'explique mieux mes angoisses, Meszaros a attaqué mon territoire le plus sacré, il y a de quoi être hors de soi.

Solution : méditer plus, apaiser mon cœur, m'ancrer dans la terre, me stabiliser.

Acculé par mes larmes matinales, Arno prend le téléphone et appelle le notaire. S'ensuit une explication un peu ferme. On apprend que ses débuts de carrière ont

20. Aux éditions Guy Trédaniel (2006).

été marqués par un conflit sanglant où son client s'est vu murer l'accès à sa terrasse privative qui existait depuis cinquante ans… Le voisin du dessous, dont c'était le plafond, l'a rachetée et a creusé un trou pour profiter de ce jardin sur son toit… Le cas est monté jusqu'à la Cour de cassation, il y a eu tentative de corruption du juge, et pour ne rien arranger, ce conflit situé place Vendôme, impliquait un ressortissant iranien et un israélite… Nous sommes tombés sur un notaire qui est visiblement un grand brûlé de la terrasse !

Pendant qu'il nous raconte ses mésaventures, il feuillette les photos de la terrasse de Mme Bourdon et voyant les jardinières en béton, il s'exclame : « C'est lourd, ça pèse des tonnes quand c'est rempli d'eau de pluie, ça peut endommager le toit, inonder les voisins, atteindre à l'intégrité de la façade mitoyenne. » La revoilà en direct, la rengaine des hommes face au végétal, par celui qui est censé protéger mes intérêts. Pitié ! Les personnes du sexe masculin sont-elles toutes décidées à ne voir dans la *nature* que ce qui nuit à la *culture*, en oubliant qu'eux-mêmes sont des corps qui font partie de la biosphère ? Comme dirait le poète, l'essentiel est sans cesse menacé par l'insignifiant.

Juste avant la fin des vacances, une conversation avec le cousin Corentin, au sujet de la « force tranquille » que représente mon Arno à ses yeux. Selon lui, cette famille que j'ai rejointe en l'épousant est un clan matriarcal où les hommes n'ont pas leur place et où lui et Arno ont toujours été traités avec condescendance. Corentin trouve en revanche qu'Arno représente un axe de stabilité et que c'est un exploit d'être capable comme lui de garder une neutralité à toute épreuve. Je suis d'accord qu'Arno se débrouille admirablement bien avec son air de rien et sa volonté de passer inaperçu. Il a une vie calme et riche, aussi bien du côté psychique, personnel, professionnel qu'artistique. La preuve, sa passivité lunaire a fait que ce sont les gens qui chaque fois sont venus le chercher jusque dans sa chambre ! Chambre d'ado dans le cas de Jacno et chambre-studio dans le cas d'Étienne Daho. Ce dernier a mis la musique d'Arno en exergue entre celle de trois compositeurs stars, Michel Legrand, François de Roubaix et Georges Delerue lors de l'exposition à la Philharmonie ! Son art de ne pas la ramener ouvre l'espace à cette possibilité ! Et sa magnifique musique, bien sûr.

Simplement, la stabilité poussée à son extrême se mue parfois en immobilisme. Trop d'équilibre empêche l'évolution, et risque de conduire à la stagnation et à la mort.

Puis j'en ai assez de cavaler, de rassurer tout le monde – c'est moi qui me coltine les acheteurs, les vendeurs, l'agente et le notaire. Et la seule chose qui lui incombe : appeler le syndic pour les plans de l'immeuble sur lesquels figure la terrasse mesurée, établissant ainsi sa légitimité, il rechigne à le faire, de peur de déranger... Alors que les syndics sont payés pour rendre ce genre de service. Un syndic qui nous a coûté le jardin, en oubliant de mettre deux scrutateurs.

Repensant à tout cela, je dis à Corentin : « S'il ne bouge pas maintenant, si ce projet foire, je ne donne pas cher pour notre mariage. »

Cela m'est sorti comme ça, je m'en suis étonnée moi-même. Mais au fond du fond, c'est la vérité. Si on reste coincés dans ce trois-pièces qu'on avait acheté jeune couple, certes mignon, mais trop petit pour une famille, où notre fils de douze ans et qui bientôt mesurera un mètre quatre-vingts, occupe une chambre à peine plus grande qu'une cabine de douche à l'italienne, et où notre cuisine donne sur un mur qui *avait été* un jardin, je vais être tellement amère que je vais considérer que je m'en sors mieux seule. Certes, on ne peut pas obliger les gens à désirer quelque chose qu'ils ne désirent pas... Seule, je serai peut-être plus à l'étroit mais au moins je n'aurai pas la prétention d'être à deux. Alors que je sais que les couples unis, les forces yin et yang œuvrant ensemble, sont capables de créer des miracles !

Parlons-en de mon yin que je suis en train d'entraîner consciemment pendant ces vacances. Parce que j'en ai assez de fournir la majeure partie de l'énergie yang qui fait avancer les choses dans ce couple. En me mettant en état yin, j'entends susciter une réponse yang de l'autre côté. C'est un peu artificiel, mais je n'ai pas le choix. Si je ne le fais pas, rien ne changera, Arno continuera à se complaire dans sa passivité qui lui réussit tant et moi, je m'épuiserai. J'observe les beaux cailloux sur la plage de Fiume Boggjo, un endroit où la rencontre entre le yin de la mer et le yang de la terre est exacerbée, parce que couplée avec les eaux stagnantes de la rivière et la montagne abrupte qui surgit pointue et escarpée de l'eau. Je vois soudain notre couple comme ce cercle yin et yang où chacun possède une pointe de l'autre, et qui doit circuler pour se muer harmonieusement et sans à-coups en son contraire. Or, si dans un couple, un des partenaires est figé immuablement dans un seul état, cela oblige l'autre à incarner l'inverse. L'excès d'immobilisme yin en face de moi m'oblige à compenser en m'agitant jusqu'à l'effondrement. Je suis si fatiguée que, d'habitude active et solaire, je m'enfonce dans une phase lunaire bien spongieuse.

Le 3 août

De retour à Paris, rien n'a bougé, aucune nouvelle, ni du syndic ni du notaire, Arno ne veut pas les appeler, et moi, je suis triste, mais triste... Au point que cela m'enlève le sommeil. Pour m'accabler davantage, je découvre dans la cour de l'immeuble une végétation qui a beaucoup souffert de la chaleur, les hortensias ont les têtes penchées, dans certains pots il ne reste que de la paille jaune. Les gens ne voient tout simplement pas qu'autour d'eux des êtres vivants souffrent et meurent... C'est mon camélia qui m'afflige, offert par ma Krissy il y a bien des années, il a encore fleuri ce printemps, mais là, exilé dans la cour, il a entièrement séché. Mon dehors est aussi dévasté que mon dedans. Mais l'être humain ne saurait s'extraire de ce monde où *tout ce qui est en haut est comme ce qui est en bas, et tout ce qui est dedans est comme ce qui est dehors...*

Retour au travail, où mes plantes grasses, mes « réfugiées » (celles que j'ai trimballées tout le printemps dernier sur mon vélo pour les déménager ici) ont bien résisté, une crassula a même produit une gigantesque fleur rouge. Or, je viens juste à temps pour apprendre que l'on me supprime ce balcon aussi ! Suite à une réorganisation, mon beau bureau sera attribué à quelqu'un d'autre. Abasourdie par cette série de contrariétés face auxquelles je suis impuissante, je m'enfonce dans la passivité et le chagrin. Mon amie Amélie s'en émeut : « Étrange, on t'a partout retiré tes plantes… à la maison, au bureau… »

Arno constate mon état de K.-O. technique, ce qui le pousse à bouger. Quand je passe la porte pour aller m'échouer sur le lit, il clame tout heureux : « Il y a du nouveau ! » Il a fini par appeler le syndic qui s'est déplacé illico presto en personne aux archives (exactement comme je l'ai prévu, il se sent redevable !) et en est ressorti avec plusieurs documents attestant l'existence officielle de la « terrasse accessible par le lot de Mme Bourdon ». Mon Arno a bougé, enfin !

Là-dessus, je lui envoie tous les contacts, du notaire, de l'agent, des acheteurs et des vendeurs, un passage de relai symbolique afin qu'il reprenne en main les communications. Moi, je n'ai plus rien à dire à personne.

Sur le bord de la terrasse là-haut, le poussin couvé par la mère colombe a bien grandi pendant notre absence. Une grosse boule de poils et de peur est assise dans le nid, la mère s'étant prudemment éloignée pendant que j'arrose.

Le site astrologique que je consulte une fois par mois m'annonce que ma vie est en feu ! Les planètes se sont mises en amas sur les quatre angles de la roue céleste, les mouvements impétueux sont prévus dans tous les domaines : foyer, profession, couple et même rêves et désirs les plus intimes. L'astrologue est enthousiaste, et moi un peu moins, j'y vois aussi la Grande croix, c'est-à-dire la double opposition et des carrés tous azimuts, des aspects qui se bloquent les uns les autres à tour de rôle…

Au bureau, la collègue qui s'installe à ma place est en train d'admirer ma collection de crassulacées, mais a peur de ne pas savoir s'en occuper. Je la rassure qu'elles trouveront bientôt une place au soleil sur notre future terrasse quand Arno appelle triomphant pour me dire que l'on signe la promesse d'achat le 3 août.

Le 3 août ? Instinctivement, j'ai une réticence. Non seulement Mercure est rétrograde mais en plus, c'est jour pour jour la date à laquelle l'année dernière Meszaros nous a chassés du Paradis…

Pendant la pause déjeuner, je feuillette les journaux : en France c'est la canicule, en Grèce quatre-vingt-cinq personnes sont mortes par le feu, au Japon il fait quarante depuis un mois. Les médias n'en ont plus que pour les façades et toits végétalisés, les études ayant constaté que la végétation, par l'ombre et par l'évaporation, baisse la température en ville de plusieurs degrés… *Le Monde* nous apprend que 95 % de la population mondiale respire un air impropre… L'humanité tout entière (à l'exception des peuples premiers) n'arrive plus à respirer, et pourtant, on continue à aller dans le mur à toute blinde.

Le désistement

La journée n'est pas finie pour autant. Madame Kis, notre acheteuse, à qui Arno téléphone tout content pour la prévenir que nous pouvons enfin signer, nous annonce son désistement en nous traitant de menteurs malhonnêtes. Nous ne nous rendons pas compte du mal qu'on lui a fait... Elle cherche depuis cinq mois, elle *adore* notre appartement (elle répète ça plusieurs fois), elle s'y est projetée : « Il a un charme fou, mais on ne peut pas faire affaire avec des gens comme vous. » Elle n'en dort plus depuis plusieurs nuits. Sommes-nous conscients du mal que nous répandons autour de nous ? « Par ailleurs, ce n'est pas votre faute », se reprend-elle dans son flot de paroles. Nous sommes mal conseillés par notre agente, qu'elle trouve très charmante, l'annonce a été mal rédigée et l'offre aussi, ils auraient pu nous faire un procès et nous serions à la rue... Bref, c'est tant pis, elle *adore* notre appartement, mais c'est NON.

Pourtant, si l'on s'en tient aux *facti bruti*, certes l'affaire a pris deux mois de retard, mais eux ont l'argent et nous un appartement qui leur plaît... Pitié.

Maxence Layet avait raison, l'habitation est une affaire de territoire vital, liée aux instincts les plus puissants. Il n'y a qu'à voir dans quel état cela me met, moi. Alors que bon, j'insiste, personne n'est mort et aucun enfant n'est malade. L'astrologue a dit vrai, l'éclipse de pleine lune en Verseau, dans mon secteur « foyer » apporte plein d'émotions, des changements subits et inattendus, plus Mars et Uranus, deux violents qui se clashent, et qui nous ont déjà freinés lors de leur premier carré à la mi-mai, quand tout a été stoppé. « Le changement va surgir comme un geyser qui explose. Par ex. si vous vendez une maison, l'acheteur risque de vous faire faux bond, toutes sortes de complications imprévisibles sont à craindre. »

Je suis sonnée.

L'éclipse de pleine lune du siècle a frappé à 22 h 20 précises ! Quel chiffre féminin elle a choisi pour s'éclipser ! Madame Kis m'a montré un autre visage de la féminité spongieuse, c'est visiblement une personne tourmentée, écorchée par le moindre effleurement, moi, à côté, c'est du tungstène. Confrontée à son émotivité confuse et illogique, je mesure la difficulté d'être un homme.

Après une nouvelle nuit d'insomnie, au petit matin, un camion fait un boucan d'enfer juste sous nos fenêtres. En ouvrant les volets, je vois qu'il y est écrit en grosses lettres, *C. Descamp* déménagements. Cela ne s'invente pas… Courage, décampons !

Je traverse la journée comme dans la glu pour atterrir à la leçon de gym avec Estelle à qui j'avoue être complètement déphasée par le désistement de nos acheteurs. Elle me propose une défusion de kinésiologie « stress en détresse » où mon corps manifeste des choses stupéfiantes de justesse et comme toujours, ses réponses tombent pile dans le mille. Mon état d'esprit est à la *déception*, c'est une litote, adieu veau, vache, cochon… et la correction *acceptation de changement* vaut aussi pour le bureau, où je dois déménager. Ensuite, on tombe sur *besoin de sécurité – logement*! Nous sommes toutes les deux éberluées par cette formulation, c'est pour Estelle la première fois qu'elle voit le mot logement dans ses manuels depuis qu'elle pratique la kinésio.

Le soir, on se retrouve chez l'Italien d'Edgar-Quinet avec Nicole notre agente pour lui annoncer la rétractation de nos acheteurs. Elle ne bronche pas, on en trouvera d'autres, elle a senti les Kis capricieux. Ce n'est vraiment pas grave, on signe quand même notre compromis pour le 3e étage le 3 août, puis on remettra une annonce en septembre. En fait, on n'a pas pu discuter au fond, car le bruit dans le restaurant était si assourdissant qu'on a eu du mal à s'entendre… Quand ça ne veut pas, ça ne veut pas.

Pendant le week-end, alors que nous sommes pris par un ami de Nino, venu de Slovénie, et le Tour de France avec un Slovène en finale, je sens mon Arno partir en vrille. Si on signe le trois, est-on sûr de récupérer nos arrhes si on ne vend pas ? Il propose carrément de dire à nos vendeurs que nos acheteurs nous ont lâchés. Bonté divine, et pourquoi ça ? Pour se débarrasser de son souci, le mettre sur le dos de quelqu'un d'autre ? Ça va juste les faire fuir et capoter l'affaire…

Il consulte Krissy par téléphone qui « ne nous connait plus si on fait cette folie ». Moi qui adore ma belle-mère que j'admire et qui s'est distinguée justement par sa hardiesse dans les affaires, je n'y comprends plus rien. J'ai été sûre d'avoir en elle une alliée audacieuse face à la pusillanimité de son fils, j'en suis pour mes frais. Plus tard, elle ne se souviendra plus de cet épisode qui a représenté le point de bascule de cette affaire, et me dira : « Mais pourquoi tu ne nous as pas forcé la main ? » Parce que je ne veux jamais casser le bras de personne, ce n'est pas dans ma nature. Par ailleurs, je suis convaincue qu'il ne faut jamais forcer le destin, persévérante, je le suis, dominante non ! Car tôt ou tard, ça vous saute au visage.

Je continue à négocier. Si on signe, on s'engage, on fait notre demande à l'univers et les choses se mettront en branle pour le réaliser. Qui ne risque rien n'a rien. Avec foi et confiance, on avance. Comme le dit le grand Goethe sur le pouvoir de l'engagement :

> Tant que nous ne nous engageons pas, le doute règne, la possibilité de se rétracter demeure et l'inefficacité prévaut toujours. En ce qui concerne tous les actes d'initiatives et de créativité, il est une vérité élémentaire dont l'ignorance a des incidences innombrables et fait avorter des projets splendides. Dès le moment où on s'engage pleinement, la providence se met également en marche.
>
> Pour nous aider, se mettent en œuvre toutes sortes de choses qui sinon n'auraient jamais eu lieu. Tout un enchaînement d'événements, de situations et de décisions crée en notre faveur toutes sortes d'incidents imprévus, des rencontres et des aides matérielles que nous n'aurions jamais rêvé de rencontrer sur notre che-

> min. Tout ce que tu peux faire ou rêver de faire, tu peux l'entreprendre. L'audace renferme en soi génie, pouvoir et magie. Débute maintenant.[21]

Oui, mais risquer une telle somme, c'est trop pour Arno.

« Pensons au risque non comptabilisé de voir l'affaire nous passer sous le nez et de voir *d'autres que nous* emménager là-haut, tu y as pensé ? Pour le moment notre immense avantage est que personne ne sait que le 3e est en vente, mais si une annonce paraît, il y aura des gens mieux placés que nous… »

Arno passe ses journées sur les sites juridiques pour décortiquer les mystères de la condition suspensive. C'est déjà ça, il a pris les choses en main, avant j'étais si seule. Le voilà enfin concerné. Il se lance dans de longues conversations avec le notaire, qui lui conseille de parler à l'agente, qui lui conseille de se tourner vers la banque, qui lui conseille de demander au notaire. Tout le monde se défausse sur l'autre, il tourne en rond dans les vaines tentatives de leur faire endosser une prise de risque qui lui incombe.

On a beau tourner et retourner la chose dans tous les sens, ça y est, il ne voit plus que le danger. Et qui ne voit que le danger ne voit plus rien d'autre et dans un sens, l'appelle…

Le soir dans mon lit, plongée dans la lecture, Arno vient s'asseoir sur le bord du lit et me dit :

– Je ne veux pas risquer les arrhes.

---

21. « J'aime celui qui rêve l'impossible » (Goethe).

Tu feras comme tu voudras, moi, je n'ai pas cette somme, ainsi c'est simple, je lui réponds.

Il est d'accord. C'est son argent.

Le lendemain au bureau, on fête le pot de départ d'un collègue qui prend sa retraite, petits fours et champagne, tandis que mon Arno au téléphone part en mille morceaux, c'est la panique, on dirait que les arrhes sont déjà perdues. Il téléphone au notaire pour annuler le rendez-vous puis à Nicole pour prévenir les cousins de Mme Bourdon. Ce lundi à 18 h, le beau rendez-vous où nous devrions signer pour acheter un appartement que je lorgne depuis dix ans est annulé. Arno est visiblement soulagé. Soulagé de ne plus devoir y aller du tout, de pouvoir rester tranquille ici au premier étage sans devoir se démener, crédit, travaux et tout. Cul de plomb. J'ai envie de pleurer. Toute proportion gardée, j'ai une sensation de fausse couche. Il y a eu une promesse d'une autre vie, elle n'y est plus.

Au bureau, la gentille secrétaire me voyant trimballer les boîtes d'archives dans les escaliers la mine déconfite, demande : « Depuis combien d'années tu occupais ton beau bureau ? » Je calcule, on me l'a attribué après mon retour de congé maternité, c'est-à-dire il y a douze ans, l'âge de Nino, né une fin de mars. Grâce aux congés annuels, j'étais revenue au bureau un 1er août. Et nous sommes aujourd'hui le 31 juillet. J'aurai donc passé dans ce lieu très exactement douze ans et pas un jour de plus ? Le cycle de douze ans est significatif, c'est un cycle complet avant la treizième année de crise et transformation.

L'horoscope du mois d'août revient sur la dernière éclipse de Lune, la qualifiant d'émotionnellement éprouvante. Je confirme. « Ces événements lunaires et solaires testent également la force d'une situation ou d'une relation et vous présentent des résultats. En effet, le travail d'une éclipse est d'exposer avec force des vérités qui étaient cachées, et quand elles sont révélées, c'est parfois un choc. » Bien d'accord. À la lumière des inquiétudes d'Arno face à l'engagement, je commence à m'interroger sur l'homme avec qui je suis mariée. Est-ce que je le connais vraiment ?

Le rêve du bateau

La nuit suivant cette annulation, mon cauchemar a résumé la situation : Arno, Nino et moi étions au bord de l'Adriatique, au départ d'un bateau de ligne. On monte à bord, Arno s'assoit avec tous nos bagages, y compris mon sac à main et je me rends aux WC sur le quai. Les toilettes s'avèrent être dans la maison de ma grand-mère (!), où ça grouille de femmes : tantes, cousines, copines. À l'heure du départ, je retourne au bateau. Soudain angoissée d'être en retard, j'y cours. Arrivée sur le quai essoufflée, je constate que le bateau est parti ! Je reste là seule, abandonnée, même pas de sac à main, ni de mobile... Rien, le dénuement absolu.

Houuh, Hélène la Crétoise me manque ! Elle vient de nous quitter cet été. Je me rabats sur le *Dictionnaire des rêves* de Tristan Moir : le bateau représente une « histoire importante, voyage dans la vie à plusieurs. Mais ce voyage ne se fait pas dans le dépouillement (mes bagages !). Prendre un bateau, c'est prendre un départ, un nouveau cap, mettre tout son espoir dans une direction de vie qui implique une collectivité. Si nous avons manqué le départ, *c'est que nous avons conscience d'avoir laissé échapper une opportunité importante.* »

En lisant ce constat onirique sans appel, je pleure comme une Madeleine. Misère, chez nous, il n'y a même pas où se cacher pour pleurer, Arno travaille dans la chambre…

Pour bien remuer le couteau dans la plaie, je regarde l'entrée *sac à main*, qui symbolise *l'identité féminine et son contenu, l'intimité d'une femme, son intérieur réservé.* « Si c'est un homme qui fait disparaître notre sac, il peut s'agir de notre conjoint, qui cherche à s'approprier notre être ou qui dénie la place de la femme ». Dans notre cas, en occupant toute la place du yin lui-même !

À la dernière séance, Mina m'a également parlé de mon yin opprimé. Ma généalogie, c'est une longue suite d'épouses malheureuses qui n'ont pas eu de relations harmonieuses avec les hommes. Dans le rêve, c'était bien les lavabos de ma grand-mère maternelle ! Tout ce matériau transgénérationnel me parasite. Pendant la séance, elle a vu un couple, lui en uniforme militaire et elle appuyant tendrement sa tête sur son épaule, et s'est exclamée : « Toi, tu n'as encore jamais pu poser ta tête sur l'épaule d'un mec qui te rassure. »

Le puits

En cette période, dès que j'ai un moment, même en faisant le ménage, j'écoute les conférences de Romuald Leterrier, ethnobotaniste et auteur de *Se souvenir du futur*[22] qui explique comment mettre en place les synchronicités d'une manière intentionnelle et comment s'entrainer à la rétrocognition. À un moment, il s'exclame : « Mais attention à l'ombre et au dragon, à vos démons ! Si le chemin est tortueux, cela signifie qu'il est initiatique. » Et pourquoi devrais-je transformer mes moindres faits et gestes, même un besoin de déménager, en chemin initiatique ?

Le 15 août, à la Grande Marie, comme disent les Slovènes, le *Dialogues avec l'Ange* nous sert de viatique matinal dans l'extrait suivant :

> Des forces insoupçonnées
> sont encore prisonnières en toi,
> car tu ne leur ouvres pas la porte.

---

22. Avec Jocelyn Morisson, aux éditions Trédaniel (2015).

L. Je te comprends, mais j'ignore où je me ferme.
– Tu fais déjà bien ta petite tâche.
Mais choisis la meilleure part !
Sois Marie et non Marthe !

Pour choisir la part de Marie, je vais à Chartres, mon port d'attache de spiritualité terrestre. Pour rassembler mes esprits, savoir où j'en suis, me réancrer, rendre visite à la Vierge et à la Vouivre, me ressourcer au puits des Saints-Forts et me recommander à Notre-Dame-sous-Terre, une Vierge noire parturiente, aux yeux fermés, assise les jambes écartées. Dans le train, je formule mon vœu : que j'accouche de la nouvelle version de moi. Arrivée dans la cathédrale, je m'installe dans la pénombre bleue filtrée par les vitraux dans les vibrations revigorantes du labyrinthe. Je m'abandonne à la sensation du fourmillement de ce haut-lieu énergétique qui monte le long de mes jambes jusqu'en haut du crâne, tout en voyant dans mon for intérieur la vouivre souriante tournoyer paisiblement dans les profondeurs de la terre, quand une petite fille s'agrippe à moi en pleurant à chaudes larmes. Elle a perdu sa mère ! Je la rassure : sa maman doit être à l'heure qu'il est tout aussi inquiète d'avoir égaré sa chérie, et si elle connaît son numéro on va l'appeler. (Nino avait appris mon numéro avant les comptines.) La mère, soulagée, se confond en remerciements. On se donne rendez-vous et la petite s'envole vers ses bras dans le soleil éblouissant du parvis, non sans m'avoir donné son prénom auparavant. Elle s'appelle Ella, comme moi ! Symboliquement, voulant accoucher d'une nouvelle moi, voilà que je rencontre une petite Ella ! Selon Leterrier, certains textes anciens ne *décrivent* pas les synchronicités, ils les *génèrent*.

Sûrement, cet édifice si particulier qu'est la cathédrale de Chartres possède le même don.

Remplie de gratitude pour ce message, comme soulevée de légèreté, je descends dans la crypte, où je m'adosse contre le parapet du puits, pour recevoir sa force chtonienne qui remonte en vagues puissantes par mon coccyx le long de la colonne vertébrale. Ça vibre si fort qu'on pourrait presque en entendre le bourdonnement. Pas étonnant que les pèlerins, qui venaient nombreux depuis la haute Antiquité se faire guérir ici, aient déclaré cette eau miraculeuse. Au XVIIe siècle, les évêques énervés par tant de superstition, ont fait murer le puits ! Car miraculeux n'est pas chrétien. Alors qu'ils auraient pu se servir de cette eau sacrée pour baptiser avec… Quel gâchis ! Si on se demande depuis quand ce monde, géré par le yang planificateur, a perdu le sens du merveilleux, entièrement comprimé dans notre 3D de matérialisme sec, voilà la réponse : à l'aube du rationalisme naissant. C'est en ces temps-là qu'on a brûlé le plus grand nombre de « sorcières », c'est-à-dire sages-femmes, chamanes et guérisseuses. Contrairement à l'opinion générale, la chasse aux sorcières n'a pas été un détail de l'histoire appartenant à l'obscurantisme médiéval, loin de là. Ce fut une véritable guerre de propagande et de violences génocidaires déployées dans la première phase du capitalisme contre les femmes tout au long des XVIe et XVIIe siècles, faisant au bas mot deux cent mille victimes. Dans certains villages suisses, la chasse n'a cessé que par manque de femmes à brûler sur le bûcher…[23] Celles qui savaient soigner par

23. Cf. Silvia Federici, *Caliban et la Sorcière, Femmes, corps et accumulation primitive*, éd. Entremonde et Senonevero, 2014.

la connaissance des remèdes naturels, et empêchaient ainsi l'essor de la médecine allopathique. C'est là que la médecine yin des plantes, des éléments et des esprits s'est fait supplanter graduellement par la médecine yang, faite de chimie et d'effets secondaires, aboutissant à l'actuelle industrie de la maladie. Pour revenir à mes évêques qui ont fermé l'accès à la bonne eau, c'étaient plus des hommes de pouvoir que des gens de foi.

De nos jours, c'est l'énantiodromie, comme dirait Jung, le mouvement inverse. L'actuel évêque de Chartres, cet homme en longue robe cerise qui m'a saluée bien bas tout à l'heure (il a dû me confondre avec quelqu'un), googlisé dans le train de retour, avait été ingénieur dans sa première vie, puis, transpercé par la grâce, s'est fait curé, voué à la « mariologie ». Un ingénieur passé du yang au yin alors.

Cette affaire du puits sacré, muré d'une manière arbitraire par des mâles alpha, me rappelle les puits de la Ribaude que nous avons cherchés en Champagne lors d'un week-end du féminin sacré. Nous avons exploré des champs et des vignobles où sept ou neuf sources avaient été remblayées pour faciliter le travail de la mécanisation agricole… Et de fil en aiguille, le puits du square devant chez nous, dont j'ai appris l'existence récemment, lui aussi comblé car devenu hors d'usage.

De retour à la maison, Arno me propose une promenade au soleil. On longe les houx du square et toute à mes histoires de puits, j'aperçois un filet d'eau qui coule le long du trottoir, comme souvent à Paris. Sauf que là, le fond du caniveau est tapissé de vert, les algues ont eu le temps de pousser. Alors, soit la fuite du réseau est permanente, soit c'est la petite source qui a alimenté l'ancien puits du square. À explorer !

Le puits est un élément fondamental de la vie humaine sur Terre. Il n'y a qu'à voir la chaîne causale des puits. Tourmentée par la mort des migrants qui se noient par milliers dans notre Méditerranée, je me suis penchée sur les origines de cet exode. Et chaque fois que j'ai creusé jusqu'au bout des raisons pour lesquelles les êtres humains préfèrent crever sur la route que rester chez eux, au fond du fond, dans tout leur pays, on trouve la question d'eau ! Que ce soit les conflits entre les soi-disant « Arabes » et « Noirs » au Darfour, ou entre les Dogons et les Peuls au Mali, il s'avère que la guerre civile qui les a chassés de chez eux avait été déclenchée en tout premier lieu par le manque d'eau. Toujours la même querelle ancestrale entre les paysans et les bergers, les sédentaires et les nomades, l'archétype de Caïn et d'Abel éternellement rejoué.

Dans l'ancienne Chine, le puits était au centre de l'organisation sociale, autour duquel s'articulaient les fermes et les champs. Le puits est le Graal, le chaudron de Gaïa, source de fertilité, d'abondance et d'inspiration créatrice.

Petit limaçon

Dans la nuit sans sommeil, j'entends de nouveau cet air qui m'avait hantée pendant les vacances. Une mélodie enfantine dont j'ai oublié les paroles. Je l'ai chanté à la petite Una dans la cuisine de Saint-Florent, son visage s'est illuminé, et elle a enchaîné :

Petit escargot porte sur son dos
Sa maaaiiiisonnette,
Aussitôt qu'il pleut il est tout heureux,
Il sort sa têêête.

En juillet, au plus fort de mon obsession des papiers et des notaires, cette comptine a tourné dans ma tête sans discontinuer. Pour m'en débarrasser, on l'a chantée à tue-tête avec Una, six ans, pour sa plus grande joie. Et pourquoi ça me revient au milieu de la nuit ? Una m'a révélé la suite :

Petit limaçon n'a pas de maison
Et c'est trop bêêête,
Il fait la têêête.

Et comme souvent, les manifestations de l'inconscient sont annonciatrices d'événements : vers 16 heures, je reçois un coup de fil de Nicole, un coup de tonnerre. Elle m'informe que l'héritière de Mme Bourdon n'est plus disposée à nous vendre son appartement. Nicole a été déchargée de l'affaire, qui a été confiée à une agence.

Je suis sidérée. Le monde s'arrête.

Mon rêve de bateau me laissant sur le quai a dit juste. Mon premier mouvement, là, toute de suite, est de tout laisser en plan et de partir vivre dans une ZAD.

Ainsi depuis le 8 mars, j'investis toute mon énergie là-dedans, à fonds perdu. Décommander la signature a été une erreur. En plus, c'était la date anniversaire de la destruction du jardin, comme si le ciel me tendait la main d'une réparation… C'était la bonne synchronicité. Mais je ne pouvais pas obliger quelqu'un dont je connais l'insécurité face à l'argent, d'investir une grosse somme sans savoir s'il la récupérera.

Mais en même temps, dès ce moment-là, j'ai commencé à me dire d'une manière totalement irrationnelle qu'en fait, *je ne vaux pas* cette somme-là. Les fiancées roms dans les Balkans, échangées contre des dots dépassant de loin le montant de nos arrhes, elles au moins savent le prix qu'elles valent. Si vous voyiez comme elles sont fières ! C'est stupide de dire qu'elles sont « achetées », on n'achète pas un être humain, et, sauf exception, elles épousent le garçon de leur choix. Il n'y a qu'à voir la durée de leur mariage, ils ne connaissent pratiquement pas de divorces. Et elles, elles savent qu'une famille est prête à débourser une fortune pour les unir à leur fils. Car elles le valent bien, dirait une marque de cosmétiques. Et moi, *je ne vaux pas* ça !

Alors que si cette affaire capote, il existe un risque réel que notre couple éclate. Pas assez d'intérêts communs. J'ai la sensation de me tenir debout au bord d'un gouffre.

Arno me console en disant qu'on va trouver un autre appartement, encore plus beau, avec une terrasse encore plus grande. (Exactement comme après l'arrêt de grossesse, il m'avait dit : on va faire un bébé encore plus beau, encore plus dodu.)

– Et comment on s'y prendra ? Alors qu'on n'a pas été fichus de réussir un truc aussi facile que de monter de deux étages, pendant qu'on était seuls au monde à le savoir en vente ? Tu vas chercher, te lancer dans les crédits relais, déménager, changer de quartier ? C'est vraiment dommage qu'on n'ait pas versé les arrhes, comme ça, on serait sûrs de l'avoir.

Il soupire :

– Je sens que ça va me tomber dessus.

– Bah oui, le 3 août, il aurait mieux fallu ne pas renoncer. Signer, et vendre le nôtre après.

– Et maintenant, tu veux dire que chaque année le 3 août on va « fêter » le ratage de cette affaire ?

– Pas besoin de 3 août, on va pouvoir « fêter » ça toute l'année : quelqu'un va s'installer là-haut et nous, on sera aux premières loges pour les voir s'amuser.

Et moi, pourquoi je resterais mariée à quelqu'un qui ne prend pas en compte mes besoins vitaux ? Une affaire en or nous arrive sur un plateau d'argent – entre autres, grâce à *mon* travail, à ma « relation d'arrosage » avec Mme Bourdon, et on a réussi un beau loupé ! Une équipe de losers, voilà tout. Maintenant que Nino a douze ans, il est possible d'envisager que l'on se quitte, qu'on reprenne chacun sa liberté.

Voyant l'ampleur de mon désespoir (qu'il doit qualifier en son for intérieur d'excessif et de « slave », mais qui regretterait quand même de me perdre dans cette eau du bain), Arno appelle l'héritier pour tenter de rattraper la chose. Or, l'affaire a déjà été confiée à une agence et il nous annonce, non sans délectation, qu'une course-poursuite va s'engager entre les deux. Vers la fin de la conversation, il concède de nous vendre à nouveau, à condition de trouver un acheteur sous quinzaine, d'accepter leur notaire et de signer avant la mi-octobre. Ouf !

Le soulagement fut de courte durée. Quand Arno monte au quatrième étage surveiller la fuite chez notre amie Morgane, il entend des voix au troisième. Il y a quelqu'un à l'intérieur. « Va voir, toi qui as l'oreille fine. » Je monte quatre à quatre avec les deux jeux de clés à la main et sur le palier, tombe nez à nez avec deux hommes en costard en train d'ouvrir la porte, visiblement un agent et son client.

Me voici effondrée de nouveau.

Quand Nicole apprend que l'appart a été visité, elle n'est pas contente. Elle appelle le vendeur qui tombe des nues. Il s'excuse presque et confirme qu'on se donne quinze jours.

Sauf que pendant le dîner chez les Bourgoin – nos amis et voisins de quartier qui, eux, viennent de réussir le tour de force que nous sommes en train de louper, c'est-à-dire s'élargir en achetant l'appartement contigu au leur pour rester dans l'immeuble – l'agente nous avertit d'une annonce sur seloger.com où s'étalent en toute splendeur les photos de « notre » appartement du 3e, les pièces ensoleillées, la terrasse verdie par mes soins, la cour fleurie de notre immeuble, mis en vente par… une agence. L'esprit est définitivement sorti de la bouteille ! Franck notre hôte se risque à dire à Arno que parfois tous les éléments ne sont pas en phase, et qu'il faut avancer les pions pour ne pas manquer une bonne affaire. Oui, faire un pari.

Effet chèvre

Arno, lui, ne fait pas de paris. Ou alors, des paris négatifs, fondés sur la peur. Et c'est là que le bât blesse. En se mettant au lit, il me dit : « On l'aura cet appart, *toutes tes amies extralucides te l'ont dit.* À moins qu'elles se soient toutes trompées ! » Serait-il presque un peu content qu'elles aient eu tort ?

Au trente-sixième dessous, je n'arrive pas à dormir, me retourne dans le lit, puis me remets dans le salon à ressasser la loose. Voilà le cœur du problème entre Arno et moi : je tisse les synchronicités, je lance les intentions, je fais de la magie, je nous tricote une vie de merveille et lui est là pour me prouver le contraire. Que non, la vie n'est pas merveilleuse, et que non, tout ça c'est du nébuleux et du *fake*, de la pensée magique et des châteaux en Espagne pour les naïfs. Il est si négatif qu'il provoque « l'effet chèvre » ! Dans son *Dictionnaire de l'impossible*, Didier van Cauwelaert relate qu'« il semblerait que l'incrédulité soit une force mentale aussi puissante que la clairvoyance ou la télépathie, une force éventuellement capable de les neutraliser. » Une scientifique américaine a en effet prouvé ce qu'il est convenu d'appeler « *l'effet mouton-chèvre* ». Les gens partagés en deux groupes, « l'un composé de gens variés qui croyaient aux phénomènes psy et l'autre de rationalistes d'horizons divers qui les rejetaient en bloc. Par souci de brièveté, elle avait surnommé les premiers les « moutons » et les seconds les « chèvres ». Les deux groupes furent soumis au test Zener : ils devaient se concentrer pour deviner quelle carte allait être tirée par l'expérimentateur. Les moutons accumulèrent les succès significatifs, tandis que les chèvres ne dépassaient pas la ligne de base du hasard. » Par la suite, il s'avéra « que certaines chèvres, particulièrement remontées contre le paranormal, obtenaient des résultats si catastrophiques qu'ils descendaient *sous* la ligne de base du hasard. » C'est comme si ces gens utilisaient leurs capacités *psy* pour confirmer leur croyance que cela n'existe pas !

On dirait Arno, qui s'évertue à annuler mon « effet mouton » d'émerveillée perpétuelle.

Et c'est l'échec.

Nous voici une équipe qui perd.

Je réfléchis aux conséquences de ce fiasco, continuer à habiter ici, devant ce toit en zinc qui a été vidé de son jardin parce que je n'ai pas été protégée par mon homme face à la communauté. Au contraire, il s'est mis de leur côté. Si, si, ça peut aller jusqu'au divorce, naturellement, nos chemins peuvent se séparer, puisque nos besoins et nos croyances ont fini par diverger à tel point que nous ne regardons plus dans la même direction. Parce qu'au lieu d'être soutenue comme on serait en droit d'attendre dans un couple, je me sens sabordée dans ce que j'ai de plus précieux. Il y a un risque que je sombre dans le mépris. Et par rapport à ça, les arrhes étaient un pari dérisoire. Dérisoire! Arno va rester assis sur son argent, mais il n'aura plus de femme.

> *Ce que les femmes demandent*
> *aux hommes est très peu,*
> *ce que les hommes demandent*
> *aux femmes est très peu aussi,*
> *mais ce très peu est difficile à obtenir.*

Alexandre Romanes, *Le luth noir* (2017)

Il faut dire aussi que nous vivons dans une permanente limitation. Ce matin, au marché, comme d'habitude, on ne pouvait rien acheter en dehors des légumes verts et du poisson maigre. Chaque fois que je propose d'acheter les délicieuses *pastillas* des sœurs marocaines ou les succulents *samossas* des belles Africaines, c'est NON – pas de nourriture transformée. Christine Bourgoin, enthousiaste, nous a recommandé chaudement ce soir à dîner l'architecte japonais exposé à la Fondation Cartier. Bah oui, nous sommes passés devant l'autre jour, il n'y avait pas de file d'attente, j'ai proposé à Arno d'y faire un saut et c'était NON, quelle galère! ça ne l'intéresse pas. Quand je demande de m'acheter une lime à ongles à la pharmacie, il m'en ramène une minuscule, « modèle de voyage », comme si je n'étais pas une femme entière mais un modèle en kit pliable à emporter... Pour m'amener un kilo de haricots verts l'autre soir, il a dû s'y prendre à trois fois! Même la limitation doit être limitée, disent les

Chinois, si on la pousse trop loin, la vie devient amère. Arno passe sa vie le nez dans les publications de santé du genre « *Le contenu de votre frigo peut-il prédire la cause de votre mort* ? » et à se gaver de compléments alimentaires pour aller mieux. Mais son monde est si serré qu'il ne peut pas aller mieux sans desserrer un peu. Et moi, dans ce cadre de plus en plus étroit, j'étouffe et je craque.

Carré Mars-Uranus

Je repense à ce carré Mars-Uranus qui malmène le monde depuis le printemps. En mai, sous son égide, notre projet d'achat s'est bloqué, fin juillet sous le même aspect, les Kis se sont désistés, je redoute la mi-septembre où il se reforme pour la troisième fois. Les années normales, ce carré transite une seule fois, or, cette année il y en a trois, la faute au Mars rétrograde, passant et repassant par le même point… Voir les intempéries, éruptions et autres ruptures de télécommunications provoquées par cet aspect explosif. Les carrés sont redoutés par tous les astrologues, sauf par la regrettée Joëlle de Gravelaine qui les trouvait salutaires, disant que pour agir, il faut parfois un bon coup de pied dans le derrière. Dans mon ciel natal, ce carré Mars-Uranus est selon elle l'un des aspects les plus forts de mon thème. C'est lui qui dans un sursaut de vitalité m'avait encouragée à l'exil, car la violente histoire de ma famille sur plusieurs générations, famines, guerres, divorces, risquait de me pousser au suicide, si j'étais restée dans mon pays.

Simplement, je sens le carré actuel entrer en résonance avec mon aspect natal comme une force centrifuge, me secouer malgré moi, me plonger dans un désespoir qui n'a aucune commune mesure avec l'élément déclencheur, et cette vague souterraine me tire loin d'Arno, comme si les fils invisibles du destin nous obligeaient d'emprunter des chemins contraints, avec des puissances inconscientes qui nous dépassent, bien plus fortes que notre libre arbitre. Allongée dans mon lit à chercher la fuite dans le sommeil, je vibre comme une corde tendue sur un instrument.

Le lendemain, c'est dimanche, Arno est de permanence à la télé et moi, en larmes dès le matin, je me concocte un mélange de Fleurs de Bach avec du Rescue, du Gentian et du Holly pour dépasser cet état d'abattement. Ça m'apaise assez pour fonctionner. Je démarre le lave-linge, Nino prépare sa chambre, c'est la rentrée scolaire, il jette à la poubelle les cahiers de la sixième, on nettoie l'armoire, on fait un tas avec les jouets à donner. On est à table quand les cloches sonnent, c'est Arno (pour une raison inexpliquée, la sonnerie de mon mobile s'est personnalisée uniquement pour lui, je serais incapable d'aller dans les réglages et de changer les sonneries en fonction des contacts, et chose étonnante, quand mon époux appelle, ce sont les cloches d'église qui carillonnent, cela ne s'invente pas!). Nino se précipite et me tend le téléphone en s'exclamant : « Tiens, c'est ton saboteur ! » Il saisit vite l'essentiel, ce garçon. Il me voit pleurer, je suis désolée pour lui. Je lui explique que ce n'est pas sa faute, mais que je risque d'être triste un certain temps, c'est la vie, un rêve vient de s'écrouler.

La suite, acausale comme toujours avec les Fleurs de Bach, je tombe sur une vidéo de José Mujica, le président d'Uruguay qui a refusé d'habiter le palais présidentiel. Il est resté vivre dans sa ferme, a distribué 90 % de ses indemnités à des œuvres et a ensuite été sénateur sans se faire payer. Il dit : « Les pauvres, ce ne sont pas ceux qui n'ont rien, les pauvres ce sont ceux qui veulent beaucoup ! » Il vit dans la sobriété, en étant reconnaissant d'avoir un matelas pour dormir le soir. Je le prends pour moi. Pourquoi je m'entête jusqu'à me rendre malade à vouloir cet appart qui va m'obliger à m'endetter et donc à continuer d'aller au bureau ?

Sur le coup des cinq heures, nous avons rendez-vous avec Nicole pour poster cette annonce de vente tant de fois reportée. Elle nous en dissuade. C'est qu'on n'a pas voulu prendre le risque au moment où il le fallait.

Elle dit : « Laissez tomber vos rêves de jardin sur le toit, les politiques ne font que parler, ils ne font pas pour de vrai. »

Elle dit : « Le statut de la terrasse n'est pas clair, et la jalousie est un élément sur lequel il faut compter. »

Elle dit : « Vous êtes bien ici, vous passerez un hiver tranquille, au chaud, à ne pas vous emmerder avec des travaux. »

« En plus on sera riches », enchaîne Arno ravi, les yeux brillants de soulagement.

Oui, riches d'argent, mais pas riches de vie, je pense.

Bref, elle repart sans rédiger l'annonce, je suis de nouveau seule en rase campagne.

Cette nuit-là, j'ai rêvé d'une tour qui explose. Elle a explosé par le toit, dans un bruit de tonnerre, et a craché de gros rochers alentour. Tout le monde s'éparpille, on se perd de vue et on passe le reste du rêve à nous chercher les uns les autres. L'image de mon rêve est la lame des tarots La Maison-Dieu. *L'âme et son dieu.*

Les montagnes russes

Le chagrin est un nuage épais, l'effet Mujica n'a tenu que quelques heures, mes « problèmes de riche » reprennent de plus belle, je pleure en me brossant les dents et comme j'ai honte face à la frugalité de Mujica, je me dis, lui au moins, il a vécu sur sa ferme, au milieu des végétaux et des animaux !

Arno n'a pas dormi non plus, il a réfléchi. À quoi ?

Il me traite d'injuste :

– On n'a pas les mêmes passions, moi, je n'ai pas la passion des plantes et toi, je ne peux pas te transmettre la passion de la guitare électrique et depuis le début de cette affaire, je t'ai suivie !

– Ah, c'est là le fond du problème, tu m'as *suivie*, mais tu n'as pas été *avec* moi, on n'a pas été *unis*. Il s'agit de notre foyer, notre lieu de vie, et je suis seule là-dessus, alors que j'ai besoin d'un mec avec qui on fait des choses *ensemble*, et non pas de quelqu'un qui se laisse tirer tant que ça ne coûte rien.

– Mais on ne pouvait pas risquer les arrhes !

– Ça dépend. Pour moi, déménager est un besoin vital, entre nous trois, je suis la seule qui ne puisse pas fermer une porte derrière elle. Nino et toi, vous le pouvez, et moi pas. Avant, j'avais ce jardin qui compensait, mais tu ne m'as pas aidée à le protéger.

Je suis écœurée. Épuisée de traîner quelqu'un qui daigne me suivre… en freinant des quatre fers. Depuis quand cette stabilité d'Arno qui représentait dans ma vie un soutien solide s'est muée en sabotage ? Je me sens profondément seule. « La solitude ne vient pas de l'absence des personnes autour de vous, mais d'être incapable de communiquer ce qui vous semble important », disait Jung.

En pédalant vers le bureau, je repense à comment nous nous sommes installés ici, il y a quinze ans. On se connaissait depuis peu, et si on a expédié l'achat de cet appart en trois mois, c'est qu'Arno l'a proposé, il m'a convaincue et qu'ensuite, j'y ai participé de tout mon être. On était deux à tirer la même charrette dans la même direction avec toute la conviction de la sincérité et ça a marché.

Sur ces entrefaites, un mail tombe, les vendeurs se disent de nouveau prêts à nous vendre en direct. Ouf ! Encore une turbulence de passée.

Sauf qu'une angoisse chasse l'autre : quand je reviens du bureau, il y a devant la porte de l'immeuble l'agent en costard bleu en grande conversation avec un client potentiel. Je manque de m'évanouir. Mon cœur bat la chamade. Je suis amoureuse de cet appart ou quoi ? Je pensais que le seul édifice dont je pouvais être amoureuse était la cathédrale de Chartres. Montée chez nous, c'est le cours de guitare dans le salon, Nino et son prof prennent toute la place, je ne peux même pas surveiller les allées et les venues dans la rue. Par la fenêtre de la chambre, je vois l'agent au téléphone sur le trottoir côté parc près de son scooter garé n'importe comment. Je me cache derrière le voilage en dentelle mais j'ai l'impression qu'il m'a vue. Je vole d'une pièce à l'autre, dans un état d'agitation suprême, ne tenant pas en place. Il a disparu, est-il monté avec quelqu'un ? Si j'osais, j'irais écouter aux portes pour savoir si les propositions concrètes sont avancées. Soudain, une idée ! Le long de la grille du square, plusieurs cartons de livres ont été entreposés, causant des attroupements, les passants s'arrêtent pour piquer ce qui leur plaît. Il ne reste plus grand-chose, mais c'est un alibi, si je fais mine de feuilleter les livres, j'entendrai ce qui se dit sans être aperçue. Je prends même le soin de mettre un jean, alors que tout à l'heure, j'étais déguisée en dame à talons, je noue mes cheveux et mets des lunettes, avant de descendre, un grand cabas Monoprix sur l'épaule. Le vaudeville ! Je manque de m'estropier les genoux, accroupie devant les livres qui n'ont aucun intérêt, sauf pour cette citation de Cicéron sur le fatalisme : « … et pourtant il n'y avait point de causes fatales pour que cela dût arriver ainsi, mais c'est parce que c'est arrivé qu'il était certain que cela dut s'accomplir de cette façon. » C'est probablement ce que je me dirai en cas d'échec…

La visite là-haut s'éternise, enfin les volets du 3e claquent, c'est fini, mais bon, il suffit d'un client aisé qui flashe pour que ça en soit fait de nous. Nous-mêmes n'avions-nous pas décidé dans le premier quart d'heure qu'ici c'était pour nous? Nous étions les premiers à le visiter et nous avons décidé tout de suite que c'était ça. Le coup de cœur! Et les gens qui ont de l'argent comptant, ça existe. Je n'en peux plus d'être accroupie sur les boîtes de vieux bouquins, je rentre dans le parc pour me dissimuler derrière le feuillage piquant d'un houx. L'agent et la visiteuse, une femme mûre aux cheveux crépus, sortent, mais ne traversent pas. Je reviens vers les cartons, en évitant soigneusement de les regarder pour ne pas attirer l'attention, mais bon, je n'entends pas un traitre mot… Plongée dans Thomas Paine, celui qui a dit *We have the power to make it all over again*, je n'ai même pas noté que le jeune cravateux à la barbe de trois jours s'est approché.

– Vous habitez en face, Madame?

– Oui, dis-je, sans plus.

– C'est vous qui vous portez acquéreurs de l'appartement du troisième étage?

– En quoi est-ce votre affaire? dis-je en fixant obstinément le regard sur la page de Thomas Paine.

– Ah, excusez-moi, je ne voulais pas être indiscret, dit-il avant d'enfourcher son scooter.

La honte! je me suis fait avoir comme une bleue…

C'est nul. Je suis dans tous mes états. Je me dirige vers Monoprix, pour acheter un jogging pour Nino, et constate que je n'ai pas pris de portefeuille… Si le défilé des clients continue, comment vais-je tenir?

Le lendemain, en revenant de chez le dentiste, je découvre le mail des héritiers qui préfèrent notre offre, si on veut bien signer rapidement. Youpiiii, on a gagné!

De nouveau aux anges, le monde me sourit et le site de Luc Bigé "Réenchanter le monde" m'apprend que le mot *sorcière* viendrait de *sourcière*! Celle qui savait trouver l'eau! Rapport à la source que je guette sur le square et qui coule toujours! Depuis que je l'observe, ça coule sans interruption, je crois de plus en plus à une vraie source naturelle. À Paris, nombre de ruisseaux sont enterrés, même une rivière, la Bièvre. Toute une nature qui a dû céder le pas face au minéral et à l'humain, les nymphes et les ondines aussi.

On arrache à notre notaire une date dans les clous, Nicole revient pour rédiger l'annonce de notre vente, l'affaire est sur des roulettes. Toute contente et sifflotante, je traverse la matinée sur un petit nuage. Arno, qui doit avoir poussé un grand soupir de soulagement parce qu'il a senti passer le vent du boulet, répond à mon mail de convocation : « Je pense que je pourrai me libérer. »

Quand à 14 h 22 patatras, un mail de l'héritière annule tout… Je fais suivre à Nicole en disant *Elle n'a pas le droit de faire ça*! Mais en même temps, je comprends que cette fois-ci, je laisserai tomber.

Comme dans un mauvais rêve, j'enchaîne gym et vernissage de Sélène, la sœur d'Arno au musée de la Chasse et je ne pleure qu'une fois au lit.

Le lendemain matin, le *Dialogues avec l'Ange*, toujours au diapason :

> L'homme d'aujourd'hui ne perce pas vers le Nouveau.
> Entre deux résistances,
> il s'étale comme une flaque, impuissant.

Eh oui, c'est tout moi, réduite à l'état de flaque. J'ai rêvé qu'Arno n'avait plus qu'un pied. Les problèmes de pieds dans les rêves signifient la perte de direction dans la vie. Dans la vie diurne, mon mari compose un courriel de menaces juridiques, mais ça ne me fait plus ni chaud ni froid. Il sonne après la grêle. Dans mon coin bureau, l'effigie de Marie-Antoinette décapitée s'est décrochée – la reine des toits est définitivement déchue.

Désormais, quand je ferme la fenêtre de la cuisine, je jette un coup d'œil vers là-haut, vers la terrasse que nous n'aurons pas. Ce sera ça, ma vie, dorénavant, d'autres gens habiteront là-haut et moi, je n'aurai plus le projet lumineux de me hisser au-delà de ce mur aveugle en face et de répandre de la verdure sur les toits à la ronde. Dans un dernier sursaut, en rendant les clés aux héritiers, je leur suggère de remettre l'arrosage automatique. C'est non, il y a déjà eu trop de fuites chez les Meszaros. Et les plantes ? Les nouveaux habitants vont les remplacer. Vous allez les laisser mourir alors, il fait chaud, ce sont des êtres vivants ! C'est non, ce n'est plus mes affaires. Et vlan ! Prends ça dans la gueule ! Voilà, Corentin a raison, au lieu de verdir la planète, je sème la désolation.

L'écoféminisme

Jusque dans la débâcle, la vie est étonnante. Plongée dans *Rêver l'obscur*[24] de Starhawk, la première écoféministe – cette lecture est la seule chose qui me réjouit en ce moment, sa sagesse naturelle me ravit, ça coule de source et je me reconnais à toutes les pages – on m'invite à une après-midi dédiée à l'écoféminisme aux Laboratoires d'Aubervilliers ! Si je connaissais Vandana Shiva, mon idole, j'y apprends le concept de *the council of all beings* et du « Travail qui relie » de Joanna Macy, puis le mouvement de *reclaim* d'Emily Hache, et plein d'autres révélations passionnantes. Les écoféministes ont fait le lien entre la destruction de la nature et l'oppression des femmes, lien qui se décline à travers le patriarcat capitaliste. L'articulation de ce lien ressemble à un ruban de Möbius : les femmes sont inférieures parce qu'elles font partie de la nature, et on peut maltraiter la nature parce qu'elle est féminine. Francis Bacon, le philosophe du XVIIe, l'un des pionniers de la pensée

24. *Rêver l'obscur. Femmes, magie et politique,* Coll. Sorcières, aux éditions Cambourakis (2015).

scientifique moderne, appelait les hommes à conquérir la Terre comme le ventre d'une femme : « La nature est une femme publique. Nous devons la mater, pénétrer ses secrets et l'enchaîner selon nos désirs. » Quatre cents ans plus tard, le désastre écologique et les violences sexistes viennent douloureusement confirmer la prééminence de cette vision.

L'écoféminisme casse ces dualismes qui séparent le corps de l'esprit, la nature de la culture, la raison de l'émotion. Tel Monsieur Jourdain, emballé de découvrir qu'il s'exprimait en prose, je me découvre écoféministe. Enfin une tribu qui me ressemble ! Il y est question de la dette des hommes envers les femmes. Le travail reproductif des femmes : tenir un foyer, prodiguer les soins aux enfants et aux parents malades, est le soubassement de l'économie productive ! Ces tâches sont cachées, pas rétribuées, pas reconnues. Considérées comme biologiques ! Les femmes, c'est comme les animaux, elles font ça par instinct… Pas de valeur marchande, donc pas de valeur du tout… En cet instant particulier dans ma vie, je le ressens d'autant plus douloureusement. Cela m'aide que d'autres femmes que moi aient mis mes griefs en mots.

Starhawk profère en outre les paroles guérisseuses : « Nous sommes du monde et les uns avec les autres et notre *pouvoir-du-dedans* est grand, même s'il n'est pas invincible. Si nous pouvons être blessées, nous pouvons soigner ; si chacun de nous peut être détruit, en nous il y a le pouvoir du renouveau. Et il est encore temps de choisir ce pouvoir-là. »

Dans ma nuit noire de l'âme, je n'en suis pas encore là, même si je sais que je vais y arriver. Le lendemain, c'est dimanche, je suis nauséeuse de tristesse et d'accablement. Les yeux gonflés, cachés sous les lunettes de soleil, je m'efforce de sourire à la randonnée cycliste organisée pour la Journée sans voiture. Le soir, dans le bain, Arno fait toc toc à la porte de la salle de bains : « C'est le laveur de dos. » J'ai un mouvement de recul, puis je réponds : « Non merci, je ne suis pas d'humeur. » Si je n'ai pas de mari, il est logique qu'il n'ait pas de femme.

L'actualité me ramène à ce monde de brutes, dans lequel il n'y a pas de place pour le soin aux plantes. Médias et réseaux sociaux bruissent de la nouvelle saillie du président, après son « pognon de dingue », ses « ouvrières illettrées » et ses « gens qui ne sont rien », il dit à ce jeune diplômé de l'horticulture au chômage : « Du travail ? Je traverse la rue, et je vous en trouve ! » Il l'envoie en bas de chez nous, dans les cafés d'Edgar-Quinet. Au moins, c'est clair, c'est ce monde dans lequel vous avez la vocation du jardinage, mais si vous voulez être payé, eh bien, ce sera la plonge ou le bâtiment… Ou, dans mon cas, l'administration…

Les tarots

Alexandra est de passage à Paris. Quand elle apprend mes « misères de riche », elle s'exclame :

– Quel gâchis, quelle gaffe monumentale ! Et pourquoi vous ne m'avez pas appelée, je vous aurais dit de payer les arrhes ? Vous avez été trop confiants… En fait, tu étais seule dans ce projet. C'était ton projet, pas le sien. C'est Arno qui n'en voulait pas, il n'a pas osé le dire, mais c'est un être fixe, il n'aime pas le changement. Et il l'a dit avec l'argent. Son non-vouloir. Tu savais que tu étais mariée avec un peureux, un sombre. Si tu es le soleil, il est la lune, mais la lune n'éclaire pas, c'est toi qui dois éclairer. Il ne l'a pas fait exprès, c'est inconscient de sa part, ne lui en veux pas, ce n'est pas une cause de divorce.

Bah, être trahie et abandonnée en rase campagne sur un projet que je croyais commun, n'est-ce pas une raison pour reprendre sa liberté ? C'est quoi, alors ? Et si la lune veut éteindre le soleil, est-ce que le soleil s'éteint ? Non, il s'en va son chemin, n'est-ce pas ?

Alexandra voit que les choses déraillent et me propose de nous retrouver pour déjeuner. La honte, une dame qui vient de quitter Paris à l'âge de 77 ans, ville où elle est née et où elle a vécu toute sa vie, et c'est moi qu'elle va consoler…

C'est le dernier des trois carrés Mars-Uranus de cette année. J'ai été au yoga (en larmes), j'ai confectionné un risotto aux cèpes pour le dîner (en larmes), j'ai même lancé une machine pour faire fonctionner le quotidien (en larmes). Puis, pour qu'on me fiche la paix, puisque je n'ai pas de chambre où me retirer en cas d'humeur non communicative, je mets mes écouteurs et me plonge dans la série sur les herbes médicinales, jusqu'à une heure du matin, réussissant l'exploit de ne pas refondre en larmes.

C'est vers 2 heures du matin que la crise est venue, des secousses de sanglots où l'on est tellement malheureux qu'on a mal partout. Je me désintègre littéralement. J'ai vécu dans l'illusion d'être en couple alors que je suis totalement livrée à moi-même. *Sodu je izbilo dno*[25] – cette expression est une bonne image d'un événement en apparence anodin qui déclenche une crise d'identité. Soudain, on ne sait plus qui on est. Avant, on a été la femme de quelqu'un avec qui on croyait partager une certaine intimité, mais en fait non, il n'est rien, nous sommes de parfaits étrangers. Il n'y a personne à mes côtés et quand j'ai allongé ma main vers celui que je pensais être mon partenaire de vie, j'ai saisi le vide. En fait, il n'a pas besoin d'une femme, il a juste besoin d'une

25. Littéralement, « le fond du tonneau a éclaté », l'équivalent en plus violent de l'expression française « la goutte qui a fait déborder le vase ».

gouvernante un peu sexy, il est trop bien tombé : la gouvernante sexy, en plus, elle ne dit jamais non. Là où on a tendu la main pour s'appuyer, il n'y a personne, alors on n'a plus de fond, on flotte dans les remous en essayant de surnager jusqu'à la prochaine rive.

Je me sens littéralement exploser en vol et je soupçonne que ce carré Mars-Uranus qui frotte sur mon aspect natal y est pour quelque chose. À moins d'être devenue folle, mon état doit relever de la transgénéalogie, des cohortes d'épouses malheureuses parmi mes aïeules, à commencer par ma mère et mes deux grands-mères, ont visiblement décidé de s'exprimer depuis les profondeurs de mon inconscient. Le taoïsme dit bien que nous devons soigner jusqu'à sept générations d'ancêtres en nous ! En même temps, une partie de moi observe tout ce cirque tranquillement, sachant bien que ce n'est pas aussi grave qu'il paraît. Car on se demande quel serait mon état si j'avais un cancer ou si, qu'à Dieu ne plaise, mon fils était malade…

En dépit de tous ces raisonnements raisonnables, je n'arrive pas à m'apaiser et même si je pleure en silence, Arno est réveillé. Il est désemparé. Il ne dit rien. Il n'y a rien à dire. Je vais dans la cuisine me servir un énième verre de Rescue, en sus du flacon de Star of Bethlehem, et je m'écroule sur le canapé, épuisée. Je débloque ou quoi ?

La regrettée Hélène la Crétoise, qui n'avait pas son pareil pour me remettre les pieds sur terre, dirait que j'ai raccroché trop de wagons à cette loco : terrasse, toits végétalisés, aquaponie, permaculture, l'annexion des toits alentour, lien vers le Topager, réorientation professionnelle, puis enfin l'espace pour donner des consultations de Fleurs de Bach. Et maintenant, le beau gâchis. Par la commodité de mon Arno, qui trouve plus confortable d'avoir une femme au bureau et sa tranquillité à la maison…

En sortant ce matin de l'immeuble avec mon vélo, j'ai dû contourner deux véhicules de l'entreprise Clim d'enfer garés sur le trottoir. Ah, ils sont venus déposer le climatiseur du coiffeur qui vrombissait dans le plancher de notre chambre depuis des années. Un jugement dans ce sens a été rendu cet été. À partir de là, Arno a été encore moins motivé à changer d'étage.

Ça fait mal. C'est indicible. C'est bien au-delà d'un simple problème d'habitation. Je me sens trahie, abandonnée, rejetée et humiliée à la fois. Je vais voir si j'arrive à dépasser ce stade. Sinon, je me donne jusqu'au 3 août de l'année prochaine pour décider de la suite.

Au déjeuner, Alexandra me rabroue. Ma fureur n'a pas lieu d'être, il y a un moment d'émotion puis reviendra la diplomatie. Ce n'est pas une raison de séparation, Arno a toujours été ainsi, sa structure s'est faite face à sa mère ; sa passivité m'a longtemps arrangée, tout comme lui. Il pouvait rester tranquille dans sa tanière, à faire de la musique sans être dérangé. (Enfin, j'objecte, n'oublions pas que cet homme actuellement si passif m'avait proposé de nous lancer dans l'achat d'un appart alors qu'on se connaissait à peine ! J'y ai donc vu le comble du dynamisme et d'initiative ! Quelle désillusion !)

Alexandra comprend en revanche que je me sente trahie et que je tombe des nues, car jusqu'ici, j'ai vécu dans l'illusion d'un partenariat, alors que c'est toujours moi qui ai tout fait ; me souvenir de l'époque où je désirais un enfant, où j'étais en couple mais n'avais pas de père à lui offrir.

– Oui, c'est vrai, Arno me dit ça aussi, que tout va s'arranger comme à l'époque de l'enfant. Sauf que là, pour un logement, je ne suis pas prête à fournir cette quantité d'énergie. Et puis je suis fatiguée et je voulais justement qu'il reprenne le flambeau !

– Et c'est ainsi que tu as loupé cet appart, en le laissant faire, alors que tu aurais dû redoubler d'attention et de dirigisme... Comment as-tu pu confier ton affaire la plus personnelle, ton sac à main pour ainsi dire, à cette brêle ? (Elle parle comme si elle connaissait mon rêve du bateau.)

– Mais je ne peux plus vivre dans une situation où le partenariat ne repose que sur moi. Dans ce cas, je préfère être seule, au moins, j'aurai une chambre à moi.

Quand elle apprend que le studio d'Arno occupe notre chambre à coucher et que moi, je n'ai pas d'espace personnel où me retirer, elle écarquille les yeux. C'est rare, une femme en France qui ne dispose pas de son « boudoir » ; je me souviens de l'étonnement de Krissy et de sa sœur, quand elles ont vu notre disposition des lieux avec le studio de musique dans la chambre conjugale, elles n'en revenaient pas. Elle s'est fait grave avoir la Slovène...

– Et l'amour dans tout ça ? reprend Alexandra.

– Je ne sais plus. Pour le moment je suis anesthésiée et puis je ne vois pas comment aimer quelqu'un qui n'a aucune réciprocité, il est indifférent à mes besoins et nous sommes loin d'un partenariat yin et yang harmonieux et équilibré. Il s'est arrogé la place yin, et moi, cela ne m'intéresse plus du tout... J'ai mal partout, tellement je suis déçue...

– Oui, les hommes de nos jours se comportent parfois plus en enfants qu'en partenaires, mais tout n'est pas perdu, rêver de la Maison-Dieu est une occasion d'évolution et lui aussi peut évoluer !

Elle constate que mon état est si avancé qu'une consultation de tarots s'impose. Rendez-vous est pris pour le lendemain soir, voir ce que disent les cartes.

Le tirage des tarots a lieu chez son fils à Créteil, un bel appartement moderne avec deux terrasses, deux ! Les cartes disent qu'il n'y a pas de séparation, elle voit Arno évoluer ! Le mouvement viendra de lui, de son intérieur, une impulsion se fera. Que je m'époumone ou pas, c'est pareil, je dois régler la situation avec une vue supérieure, et non des reproches de « boutiquière mesquine ». Le tirage révèle qu'inconsciemment, Arno n'a jamais voulu vraiment changer d'endroit ; le Pendu indique qu'on m'a arrêtée dans un élan de volonté trop poussée, parce qu'on me réserve quelque chose de *beaucoup mieux*, une maison peut-être, un coup de cœur absolu ! Dieu connaît les mathématiques de mon destin et si on reste là, dans cet immeuble infesté de grincheux, cela ne saurait se faire. Le Chariot dit qu'Arno va sortir de son engourdissement, il va se réveiller de son confort en réalisant que mes besoins ne sont pas satisfaits. La lame du Monde est là, qui inclut les forces du yin et du yang d'une manière harmonieuse et Le Soleil rayonnera ! L'Étoile, la Force, la Roue de la

Fortune, la Papesse, toutes ces figures font dire à une Alexandra ravie que non, non, on ne divorce pas, on est à l'orée de nouveaux développements, Arno va se secouer, on avancera dans l'amour et la joie, et Nino suivra en prenant le meilleur de nous deux. L'Étoile indique une harmonie céleste, je ne peux plus me permettre mes colères, c'est un tirage magnifique d'équilibre et de progrès.

Selon la tarologue, il faut parfois un événement révélateur qui nous oblige à sortir de notre zone de confort et cet échec, suivi de ma réaction, va faire comprendre à Arno qu'il a été un peu trop enfermé dans son propre bien-être. Ce sera un changement de routine salutaire, on aura un coup de cœur pour notre nouveau lieu de vie et on y sera heureux. Un couple, c'est une alchimie, alors que depuis un moment, on a été chacun dans des sphères qui ne se touchaient presque plus, Arno confortablement replié sur sa musique et moi à crapahuter dans la forêt. Alexandra croit Arno affligé d'une sorte de surdité sélective qui ne peut pas être pénétrée par les mots. Lui expliquer ne sert à rien. Il faut qu'il *sente* et du coup, je dois me mettre dans les tourments émotionnels les plus extrêmes pour percer sa carapace. Réinstaurer une communication pour refaire un équilibre nécessaire à une famille organique.

Ouf… À des moments où l'on est totalement déboussolé, consulter un oracle est rassurant. Mon ange gardien est vraiment puissant !

Une chambre à soi

Peut-être a-t-elle raison, à l'en croire, le *monstera deliciosa* « conjugal » qui, après avoir complètement périclité ces dernières années, s'est soudain réveillé et a refait une feuille.

Quand je rentre, il est 10 heures du soir, je mange une tartine, Arno est là, mais je me tais. Alors, il me tourne autour jusqu'à ce que je me mette au lit. Je ne l'ai pas prévenu de mon absence cette après-midi, j'aurais aussi bien pu la passer avec un amant. Une fois n'est pas coutume, cet homme d'ordinaire si taciturne veut vraiment parler. Je lui dis que je suis trop fatiguée, qu'on ferait mieux de remettre la discussion au lendemain.

– Tu ne peux pas me laisser comme ça, j'ai été fou d'angoisse toute la journée.

(Ah ! une journée ? Moi ça fait six mois).

– *Si me pustil na cedilu* !

– J'avais envie de cet appart autant que toi et j'ai été aussi déçu que toi.

– Oui, c'est pour ça que tu t'es débiné le jour où il aurait fallu s'engager…

– Mais comment ? Mon père aussi, il s'en foutait de ces choses-là, c'est ma mère qui s'occupait de tout.

– Oui, mais avec quel argent ? Ta mère ne travaillait pas, elle a donc versé les arrhes avec l'argent gagné par ton père. Il lui a fait confiance. Et toi, tu ne m'as pas fait confiance.

– Enfin…

– Et puis, j'en ai marre de ne jamais pouvoir travailler tranquille ici, de ne pas disposer de ma chambre. Pour être équitable, commençons par échanger nos bureaux. Sorti de ton antre protecteur, tu ressentiras vite *dans ton corps* le besoin de nous élargir.

– D'accord.

Je vais récupérer la chambre ! Virginia Woolf l'a dit dans *A Room of One's Own* : « *A woman must have money and a room of her own if she is to write fiction.* » [26] Je pourrai enfin m'enfermer quand je le souhaiterai, tandis qu'Arno sera confronté à l'accueil dans le salon. Il en sera fini de sa tour d'ivoire. Et comme il sera dérangé, il se bougera peut-être.

Le lendemain matin, mon mari revient de sa permanence de *Télématin* et m'annonce qu'il a regardé les sites immobiliers. Ah ! Ce serait un premier signe que les tarots disent vrai, un réveil serait en cours.

Le soir, je me sens groggy, comme essorée par la tempête qui vient de passer. Le vortex m'a avalée, puis m'a éjectée, à peu près indemne, si je puis en juger. Après

26. *Une chambre à soi* : « Une femme doit avoir son propre argent et un lieu à soi si elle veut écrire des romans. »

cet ouragan émotionnel, je me sens comme après une course de kayak en eaux blanches, rejetée sur la rive, hébétée.

Arno avance l'idée des maisonnettes comme dans les impasses fleuries au fin fond du XVIe, là où est né notre chaton. Sympathique, vert, excentré, mais près de nos lieux de travail respectifs.

Le réveil se confirmerait ?

Là-dessus, Rose m'envoie un texto, une petite maison est à vendre dans sa jolie villa au fin fond du XIXe. Je la réoriente sur Arno, je ne compte plus m'emballer, qu'il prenne les rênes de la recherche.

La décision de déménager est actée, nos promenades sont désormais orientées : on visite tous les quartiers de la ville à la recherche d'un lieu de vie. Lors d'une excursion cycliste à la Butte-aux-Cailles, on tombe sur une série de pochoirs de Miss Tic qui collent à mon actualité :

Je cherche la vérité et un appartement

Et, un peu plus loin,

Aux terrasses de la vie
l'éclat de notre furieuse liberté

puis la troisième, très à propos du yin et du yang de notre immeuble en particulier et du monde en général :

Le masculin l'emporte – mais où ?

Des pla(i)ntes, encore

Arno revient de la réunion du conseil syndical, où il a été acté, concernant l'affaire Meszaros, de lui régler les frais d'avocat. La lettre du syndic insiste sur le fait que notre cher voisin « souhaite, par ailleurs, que les plantes soient retirées, ce qui ne serait pas le cas en l'espèce… »

Une rage noire m'envahit. Il n'y a plus la moindre cellule de chlorophylle sur cette foutue tôle depuis un an et demi, et cette espèce de fou y voit encore des plantes ? En fait, peu importe ce que l'on *est* ou ce que l'on *fait*, la seule chose qui compte est ce que les autres *perçoivent*. Chacun voit ce qu'il veut voir. Rien à faire.

Le lendemain matin au petit déjeuner, Arno évoque de nouveau « notre culpabilité » face aux voisins qui doivent payer les frais pour nos fleurs.

Je rêve ? Quelles fleurs ? Moi, je ne vois qu'un toit vide. Débarrassé comme promis si les choses s'envenimaient. Alors, elle est où notre faute ? Les copropriétaires vont payer la folie d'un persécuteur et leur lâcheté, il n'y a plus aucun risque d'aller au tribunal alors que l'objet de la controverse a été enlevé dans son intégralité!

Je lui suggère de se sentir coupable plutôt envers moi. Pourquoi m'a-t-il laissée pleurer toute l'année dernière pendant l'horticide? Et pour poursuivre sur sa lancée (parce qu'au fond du fond, chacun se sent coupable surtout vis-à-vis de lui-même), pourquoi n'a-t-il pas eu le courage de s'écouter, à l'époque où il craignait que le toit cède sous le poids des pots? Cela aurait l'avantage de nous mener vers une solution, vers une initiative positive, du style « Ma chère femme, puisque tu ne saurais vivre sans le végétal, pourquoi ne pas partir ailleurs, sous d'autres cieux, un endroit pour épanouir ta passion? »

Mes eaux se sont à peine apaisées, et voilà qu'à nouveau, la fureur s'empare de moi. Toute ma reconstruction fragile est par terre. Je recommence à songer à la ZAD... Là-dessus, de but en blanc, JB s'annonce à déjeuner! Comme mon ami étiopathe extralucide est la personne à l'emploi de temps le plus minuté que je connaisse, cette visite surprise m'étonne. À peine déplie-t-on nos serviettes dans notre resto japonais qu'il attaque sur la raison de sa venue: c'est pour m'enjoindre à me calmer, à ne pas tout envoyer paître... Selon son ressenti, ce n'est pas une *sortie* que je cherche, mais un nouvel aménagement pour *rester*. Il interprète mon rêve de bateau comme un signe positif, uriner chez les femmes, c'est marquer mon territoire, tout va bien, le ferry n'est qu'un transport en commun, il repassera... Alors que JB n'en était pas fan à nos débuts, il trouve maintenant qu'Arno s'est développé à mon contact, qu'il s'est socialisé, est devenu mon socle. Je dois m'y tenir, j'en ai besoin! Je pleurerais autant si ce n'est plus en son absence... Ne pas tenter de le changer, c'est impossible, il est comme il est, *l'accepter* ! Je ne voudrais pas d'un autre couple, celui-là m'arrange parce que j'y ai la *liberté* ! Essentiel, vu mes antécédents familiaux et conjugaux sous emprise.

Après ce déjeuner, de nouveau rassérénée, je me dis quelle chance, je suis trop bien entourée, merci mon JB !

Pour m'aérer l'esprit, JB me propose de l'accompagner à Garnier où l'on donne *La Dame aux camélias* de John Neumeier. C'est un spectacle sublime de beauté, à la fois classique et contemporain. Quelle performance ! Rendre sexy et sensuel un ballet sur les pointes, enveloppé des friselis de tulle évaporés ! Particulièrement saisissants, les pas de deux de Marguerite Gautier avec Manon Lescaut où le chorégraphe superpose souvenirs et rêves en rapprochant les destinées des deux courtisanes appartenant à deux époques différentes. On voit la diaphane Manon toute de lilas vêtue qui, comme un esprit d'outre-tombe, semble porter Marguerite et l'obliger à reproduire son destin sans issue. Cette danse illustre physiquement comment les archétypes nous guident depuis notre inconscient, comme Manon dans le dos de Marguerite la pousse sur une pente qu'elle ne choisirait peut-être pas consciemment... Je repense à mes aïeules qui se sont manifestées lors du carré Mars-Uranus et qui m'ont manœuvrée : j'ai eu du mal à résister. En plus, en pleine phase d'écoféminisme aigu, cette tragédie d'une femme abusée par le patriarcat (par le *père* littéralement !) me va droit au cœur.

Le lendemain, Mihaela, une très jolie et élégante comédienne slovène de passage à Paris, me rejoint à déjeuner. Elle a une liaison à distance avec un jeune Français, on parle amour, défis de couple et affres de séparation. J'en déduis qu'elle et son compagnon sont portés par des forces centrifuges collectives qui les dépassent. Le jeune homme est sous emprise familiale, il n'a pas la disponibilité affective pour mener une vraie vie de couple (d'où il s'est choisi un amour lointain, dont mille kilomètres le séparent). Elle en est frustrée et désemparée. Comme elle vient de lire mon premier livre, elle est persuadée que je vis un conte de fées. Je la détrompe, lui disant que cet été, j'ai été moi-même emportée contre mon gré vers un endroit où je ne voulais pas aller, par les puissances inconscientes issues de ma généalogie. Je me sentais physiquement déchirée par les forces qui tiraient à hue et à dia, aspirée dans une situation comme engloutie par un torrent d'eaux vives dans un trou où je devais ramer comme une désespérée pour garder le nez hors de l'eau.

– Et maintenant ? demande-t-elle.

– Maintenant je suis sortie des rapides, les eaux de la rivière sont un peu plus calmes, je me laisse porter vers le large, je ne sais pas encore.

– Bien sûr, tu es trop épuisée, tu leur dis : « Attendez un peu, on va ramer de nouveau plus tard, mais maintenant, laissez-moi juste poser les rames et respirer »...

Respirer et prendre le temps de nous réorganiser. Le diagnostic est posé : dans l'énergie de notre couple, Arno, artiste de la création yin, s'étale sur tout l'espace du passif-réceptif, ce qui m'oblige à me cantonner dans l'activisme dynamique et nous conduit vers un cercle vicieux. C'est pourquoi j'ai décidé cet été de le laisser reprendre son rôle d'homme, en appliquant une attitude de féminité passive certes quelque peu artificielle, mais selon les comportementalistes c'est ainsi qu'on prend le pli. Parce que si les deux partenaires d'un couple se complaisent dans une attitude yin, inerte et passive, d'abord il ne se passe plus rien, par manque de feu et d'action, et pour finir, la polarité les sépare, ils restent chacun dans leur coin comme deux sphères polarisées de la même qualité qui se repoussent. C'est une loi physique qui veut que quand j'arrive dans notre chambre à coucher, au lieu d'être attirée par la présence de son corps, son énergie trop semblable à la mienne me repousse. Involontairement, je me retrouve au bord de notre lit qui soudain paraît trop étroit, comme la limaille éloignée par l'aimant inversé. Car ce sont les polarités opposées qui de par leur complémentarité engendrent un champ magnétique et s'attirent. Il fut un temps où Arno était parfaitement capable de gestes virils, comme de me trouver et de me faire la cour. Maintenant, il est temps de retrouver un équilibre, de sortir de l'ornière de la stagnation.

Si on avait vécu au temps des anciens Slaves, pour résoudre la situation, le chef du village nous aurait envoyés nous asseoir sur les deux rochers nommés Baba In Dedec bobonne et bonhomme – destinés à réconcilier le mari et la femme qui se sont disputés[27]. Le couple querelleur devait s'y asseoir dos à dos, la femme face à l'est, l'homme face à l'ouest, et lentement ils devaient

27. La photo du couple des rochers anthropomorphiques est visible sur mes comptes Instagram et FB.

se tourner l'un vers l'autre, pour finir par se faire face et s'embrasser. Ils pouvaient ensuite rentrer et achever la réconciliation sous la couette. Aux temps jadis, un ménage fonctionnel était une condition de survie et nos ancêtres saisissaient bien l'importance de l'harmonie entre le féminin et le masculin.

L'hiver

C'est l'anniversaire de la mort de ma mère. Treize ans déjà. Facile à calculer, juste un an de plus que l'âge de Nino, né quatre mois après sa disparition. Elle est partie au milieu de la grossesse.

Malgré mon immense fatigue, on va se promener. Il fait froid, on longe les vitrines des agences immobilières et ma fatigue augmente à la vue des annonces pour appartements désirables mais hors de prix. Elle devient incommensurable, comme mon découragement. De retour dans notre cour, nous rencontrons notre voisine, Liliane, que nous n'avions pas vue depuis son retour du Pakistan cet été. Je m'arrête donc pour prendre de ses nouvelles. De son côté, elle est étonnée que nous ne soyons pas déjà au troisième étage. L'émotion m'étreint à nouveau, quand un couple d'inconnus entre dans le hall. Ils nous saluent respectueusement et se mettent à observer la terrasse de Mme Bourdon. Je suis sur le point de prendre congé quand la jeune femme illuminée de bonheur se tourne vers nous et nous annonce timidement : « Nous sommes les acheteurs de l'appartement de Mme Bourdon ! »

« Bienvenue », je réussis à articuler, puis je m'éclipse, en larmes.

Comment ai-je réussi cet exploit ? Ne pas croiser une voisine amie depuis des mois et rencontrer les acquéreurs du troisième à leur premier passage ?

Une semaine plus tard, Arno m'annonce que les travaux au troisième vont commencer. Je reverse des larmes amères, je n'arrive pas à faire le deuil de mes plans anéantis…

Malgré la débâcle, le ficus *monstera* conjugal, celui qui stagnait dans son coin, repart après la grosse crise de cette rentrée. Deux pousses toutes fières aux feuilles luisantes se dressent dans le pot.

La lecture publique du *Dialogues avec l'Ange* sous l'égide de Marguerite Kardos, femme savante au verbe enflammé et la foi contagieuse, est un réconfort. La séance à peine démarrée, ça commence à sentir divinement bon dans la salle. Une odeur d'encens et de fragrance exquise flotte dans l'air et me chatouille les narines. C'est une sensation physique, accompagnée de picotements poivrés au bout de la langue et au sommet du crâne. J'étire le cou et me retourne dans tous les sens à la recherche du diffuseur de parfum, que je ne trouve pas. Dans la lecture, il est question de faire renaître le petit enfant dans la grotte que forme notre cœur. De la souffrance que l'être humain a traversée et transmutée, il fabriquera une *force traversière*, une métamorphose tissée finement qui rayonnera jusqu'aux confins de l'univers.

Une autre citation révélatrice m'inspire au yin en cette période où je suis de nouveau tentée par l'action : « La volonté est un mur non une marche. »

Et pendant tout ce temps, tandis que les passages du *Dialogue* s'enfilent comme les perles l'un après l'autre, ça sent bon, ça sent divinement bon dans cette salle, où vu la météo dehors, ça devrait plutôt empester le chien mouillé.

À la fin, je vais inspecter la scène, rien. Je demande à la dame qui était assise à côté de moi et qui maintenant enroule les images affichées des anges, des Marie, des Madeleine, des déesses aux pieds d'oiseau et des figures géométriques, si l'encens est diffusé dans la salle.

– Vous n'y pensez pas, rétorque-t-elle catégorique, cela indisposerait les gens.

– Ça sent quand même drôlement bon, un parfum tout au long de la soirée.

– Cela ne m'étonne pas, Marguerite est très forte, elle peut susciter l'odeur de sainteté, répond la dame, factuelle.

Cela me rappelle ce parfum sublime qui m'avait transpercée il y a des années de cela, peu après mon arrivée en France. C'était dans la chapelle de la Médaille miraculeuse de la rue du Bac où j'étais venue en étudiante de littérature examiner ce que signifie un « cadavre exquis ». Devant le cercueil en verre de sainte Catherine Labouré, une senteur divine m'avait envahie comme pour montrer, à l'incroyante fille d'un pays socialiste que j'étais, l'existence des phénomènes invisibles. Cela m'a transportée, une sorte de conversion, tel Paul Claudel à Notre-Dame. Certaines personnes ont des visions, d'autres entendent des voix, eh bien, moi, j'ai des hallucinations olfactives. Elles indiqueraient l'endroit où la frontière est perméable à d'autres dimensions.

Et quand je repense à « l'odeur de sainteté » le lendemain au bureau, de nouveau, je ressens cet effluve céleste en pleines narines. Je reviens de la photocopieuse, elle y flotte encore. Du coup, je m'inscris à toutes les prochaines dates, un jeudi par mois, annoncées sur le site de l'ADDA.

En rentrant du bureau, l'avis de travaux au troisième étage est affiché dans le hall. Mes larmes reprennent, et je continue à les verser sporadiquement pendant tout le reste de la soirée. Je n'arrive même pas à méditer tant je suis triste. Ma lecture actuelle du *Manuscrit de Marie Madeleine* écrit par Judi Sion et son compagnon, Tom Kenyon, sur l'alchimie du couple dans le mariage sacré, tombe à propos. Selon leur expérience, et ce, malgré l'amour basé sur l'honnêteté et la sincérité qui les lie, tout couple, pour avancer, est plongé à intervalles réguliers dans le chaudron, l'athanor, dans lequel doivent se consumer nos scories psychiques. Judi décrit la trahison et la blessure qui ouvre une fissure dans le « plancher magnétique de la femme », où, par un incident insignifiant aux yeux des tiers, son monde s'effondre et les polarités du magnétisme qui unit le couple s'inversent : ce qui les attirait auparavant les repousse maintenant… C'est exactement ça ! Ce livre est le reportage de mon automne ! Ce qui me rassure en revanche, c'est la pratique proposée comme solution : « le repos dans le nid magnétique après l'amour », qu'Arno et moi pratiquons d'instinct depuis toujours.

L'athanor alchimique continue à nous travailler : le lendemain matin, en embrassant Nino sur le palier à son départ au collège, le défilé des ouvriers en salopette blanche qui montent au troisième, c'est pour moi. Je finis mon petit déjeuner en larmes. Je dis à Arno que cette fois-ci, c'est à lui de se remuer pour nous trouver un logement, car moi, je me suis déjà brûlée en essayant de nous faire bouger, ne serait-ce que de deux étages !

– On ira ensemble voir les agences, dit-il.

Là-dessus, il s'avère qu'il ne sait pas ce qu'on cherche ! Monsieur est encore et toujours *ailleurs*. Un rez-de-chaussée ? Oui, pourquoi pas, ça existe, même à Montparnasse… Bref, c'est à lui de prendre la direction des opérations, d'exercer son yang.

L'Ange, comme d'habitude, est au diapason :

> Ce qui est sans vie ne résiste pas.
> Le vivant se transforme… là où il le faut.
> Exactement là !
> Ainsi, le mal devient bien.
> Ainsi, la mort devient vie.

Pourvu qu'ils aient raison.

Mes larmes ont porté des fruits, Arno est entré dans une agence immobilière et a pris rendez-vous pour une visite. Le bruit de la démolition de la cloison au troisième qu'on entendait jusqu'à la rue de la Gaîté a dû l'éperonner. Ce matin, en sortant de l'immeuble, on croise les débardeurs qui descendent des sacs de gravats, le hall en est rempli à hauteur d'homme... La célèbre cloison, que j'avais projeté de faire tomber il y a des années, est visiblement démolie.

Cette nuit-là, j'ai rêvé qu'on grimpait avec Arno sur un éboulis pour voir de l'autre côté de la crête : une femme suspendue par les cheveux sur un manège immobilisé dans une fête foraine. Image de yin extrême, le manège ne tourne pas, impossibilité d'agir.

Le jour de Noël, on établit avec Arno la *wish list* en six points pour notre nouveau logement :

- un quatre-pièces lumineux
- avec un extérieur (cour, terrasse ou jardin)
- calme
- à l'intérieur du périphérique
- quartier vivant
- voisinage souriant

Envoyée au père Noël !

Nino, pour son premier cadeau de Noël (car il a décidé de faire comme les grands), m'a offert *Les émotions cachées des plantes*[28]. On y apprend des tas de choses, par exemple, que les pommes de terre augmentent leur taux d'hormones pour rendre les femelles humaines stériles, car la gent végétale aurait fini par constater que l'espèce humaine a dépassé les bornes et constitue une trop grande menace pour l'équilibre naturel.

28. De Didier van Cauwelaert (Plon, 2018).

IV
Retisser la trame

« Les contes de fées se terminent au bout de dix pages. Pas notre vie. Après un épisode où tout s'est effondré, un autre nous attend, et un autre encore. Nous avons toujours la possibilité de redresser le cours de notre vie, d'en faire ce qu'elle doit être. Ne perdons pas de temps à pleurer un échec. L'échec est bien meilleur professeur que le succès. Tirons-en les leçons et allons de l'avant. »

Clarissa Pinkola Estés,
Femmes qui courent avec les loups (1992)

Digne

Cette ville est à mes yeux la capitale des accomplissements extraordinaires survenus grâce aux énergies harmonieuses masculines et féminines réunies au sein des couples emblématiques qui y habitent et y œuvrent !

Un été, il y a quelques années, nous avons lu tous les deux, Arno et moi, *La Route du temps*, le premier ouvrage grand public de Philippe Guillemant où il expose sa théorie de la double causalité. C'est une hypothèse scientifique où il n'y a pas que notre passé, mais aussi notre futur qui influence notre présent. Ce postulat audacieux offre une explication scientifique des synchronicités, chères à Jung et à Pauli, mon sujet de prédilection depuis des décennies. Suite à cette lecture révélatrice, où le physicien dit s'inspirer des paysages entre Digne et Sisteron dans les Alpes-de-Haute-Provence, Arno et moi, nous nous sommes précipités à la première occasion dans le coin pour parcourir cette fameuse Route du temps. Nous n'avons pas été déçus ! Notre visite a commencé par la rencontre avec l'extraordinaire Guy Martini, l'homme qui avait déclaré il y a quarante ans dans ce paysage vertigineux le premier géoparc du monde, lançant ainsi le mouvement planétaire des géoparcs, qui ont fini par devenir un des labels le plus prestigieux de l'UNESCO !

Nous dormions dans le Nid d'Aigle, chambres d'hôtes perchées sur un piton rocheux qui s'élève au-dessus de la ville avec une vue à 360 degrés sur la plaine et les crêtes des falaises alentour. L'aigle est le symbole des états spirituels supérieurs. Après un tour de propriété, il saute aux yeux que les époux qui ont remonté ce qui n'avait été qu'un gros tas de ruines au début des années soixante-dix sont ou bien initiés ou alors très inspirés. Dans la chapelle sous le vocable de Marie-Madeleine, le tableau de la sainte voilée de rouge est placé en face d'une icône du Christ. Sur le beau coffre gravé à la fleur de vie en guise d'autel est placé un bougeoir à sept branches, celui-là même qui figure les sept règnes dans le *Dialogues avec l'Ange !* En discutant avec les hôtes, Chantal et Jean-Hugues Bartet (un de ces couples dont l'équilibre entre le masculin et le féminin tient le monde), il s'avère que par un concours de circonstances invraisemblable, ils avaient remonté l'église *avant* la bastide d'habitation, respectant ainsi la règle que le spirituel précède le temporel… La vie prend racine dans l'esprit !

Pendant trois jours, nous avons marché main dans la main sur les Sentiers d'art qui parcourent les montagnes autour de Digne. Nadine Gomez, qui dirige le musée Gassendi, a fait venir dans ces hauteurs reculées tous les artistes que compte le monde du *land art*, depuis Andy Goldsworthy, mon préféré, qui a signé *Les Refuges d'art*, jusqu'à Herman de Vries, Paul-Armand Gette et tant d'autres, dont les œuvres jalonnent les randonnées et font désormais du pays dignois une *collection-paysage*. Dimanche, jour de mon anniversaire, lors de notre dernière balade avant de repartir, au détour d'une clairière, nous sommes tombés sur un groupe qui avait pour guide… Nadine Gomez *herself*. Les joyeux mécènes de la FRAC de Marseille nous ont trouvés sympathiques et nous ont invités à les rejoindre, si bien que l'on a profité des commentaires et des confidences de la créatrice de toute cette merveille. J'étais à la fois sciée et reconnaissante de la sérendipité venue en cadeau d'anniversaire.

Philippe Guillemant est venu habiter ce pays suite à une époustouflante série de synchronicités qu'il détaille dans *La Route du temps*. Grâce à son intériorisation des valeurs yin (toute sa vie est bizarrement frappée du 22 et ce champ est si fort que les 22 surgissent comme par magie même quand on ne fait que parler de lui, que ce soit le prix d'eau à la pompe, 2,20 euros ; l'addition au restaurant, 22 euros, ou l'heure à laquelle on lance sa vidéo, 22:22 !), cet ingénieur inventeur dans la robotique s'est orienté vers la physique de la conscience et a réussi la jonction entre la science et la spiritualité qu'on attendait avec impatience depuis Fritjof Capra et Costa de Beauregard. Il explique que le temps n'existe pas, car en dehors de notre mental, le passé, le présent et le futur coexistent simultanément, ce qui ouvre la voie à notre libre arbitre. Genre de GPS capable de choisir dans un multivers des possibles le bon chemin qui mène vers la meilleure version de notre avenir. Tandis que sa femme, la souriante psychologue canadienne Lucie Mandeville, enseigne le bonheur des gens ordinaires. La double causalité résumée par leur carte de vœux donne ça : « Nous vous souhaitons une très bonne année, avec vos vœux les plus chers déjà réalisés quelque part dans l'espace-temps, n'attendant plus que vous soyez attentifs aux bifurcations déjà créées pour vous y conduire. »

De cette escapade à Digne, je retiens trois couples puissamment créateurs :

– Guy Martini et Nadine Gomez, un tandem professionnel qui a réuni la science ET l'art, pour des réalisations hors norme au niveau aussi bien régional que planétaire ; ils ont tiré un territoire déshérité de sa misère et en ont fait un pôle d'attraction scientifique, artistique et touristique !

– Chantal et Jean-Hugues Bartet qui ont rebâti le hameau des Hautes Sieyès en commençant par la chapelle où ils ont réuni le couple suprême que forment Jésus-Christ et Marie-Madeleine ; leur bastide est un foyer de rayonnement spirituel.

– Philippe Guillemant et Lucie Mandeville, un couple agissant dans la science ET la spiritualité afin d'enseigner la vraie magie, celle qui permet d'influencer le monde extérieur depuis son monde intérieur par le biais de nos émotions qui font vibrer le vide.

Ces trois paires vivant de nos jours sont entrées dans les pas de Dardanus et de Naevia Galla, les patriciens qui ont fondé Théopolis, une communauté spirituelle et agricole à proximité de la Roche Dromon, un lieu très reculé loin de tout passage à l'époque turbulente de la chute de l'Empire romain. C'est d'ailleurs la femme du couple, Naevia Galla (*clarissima et illustris femina, mater familias*, dit la Pierre écrite) qui entretenait une correspondance avec Saint Augustin, je l'apprendrai plus tard. (Alors que toutes les sources attribuent cette amitié à son mari, n'est-ce pas ?)

Bref, si vous voulez aboutir à une œuvre exceptionnelle, il faut l'homme ET la femme. L'homme apporte la flamme, comme Nicolas Flamel et la femme la pérennité, comme Dame Pernelle !

La magie yin

Avec Arno, on regarde une vidéo de Romuald Leterrier sur « comment se souvenir de son futur », où il donne le mode d'emploi pour créer les synchronicités à grand renfort de cas concrets piqués dans sa pratique de rétrocognition. Enflammé, il clame qu'en les suscitant, on change *de fait* d'univers et on entraîne le monde avec, de la vraie magie, quoi ! Selon l'ethnobotaniste, les aborigènes australiens pensent que jadis, l'espace-temps était malléable et que les ancêtres pouvaient plus facilement agir pour le former à leur guise. Cela confirme ce que j'avais déjà lu dans un autre récit : les tribus qui continuent à mener une vie itinérante dans le désert australien sont convaincues qu'un animal se jette sur leur chemin et se sacrifie pour eux quand ils ont besoin de manger de la viande. Les mêmes savent guérir une fracture ouverte de la jambe en une après-midi par imposition des mains, chant, prières et vibrations de didjeridoo, afin que le groupe puisse reprendre l'itinérance…

Cette forme d'abondance yin est décrite dans un mythe très ancien de l'âge d'or, cité par le conteur slovène Janez Trdina : « Au début, les humains vivaient sans grand effort. Dieu les a doués d'une si forte volonté qu'ils avaient tout ce dont ils avaient envie. À cette époque, le monde ne connaissait ni hiver froid ni été brûlant. Chaque blé et chaque arbre verdissaient, fleurissaient et portaient fruit tout au long de l'année dès que quelqu'un le voulait. L'homme n'avait qu'à dire à un pommier : "Donne-moi des pommes" et à l'instant même l'arbre se couvrait des fruits mûrs les plus doux et penchait ses branches vers lui afin qu'il les cueille. Si l'envie de manger du poisson le prenait, ou un autre animal, il n'avait qu'à l'appeler par un seul mot et le faire cuire. »

Sauf que la magie apparaissait dès le XVIIe siècle comme une forme de travail illicite et un instrument pour obtenir ce qu'on voulait sans travail. Francis Bacon (encore lui !) en a conclu que « la magie tue l'industrie ». Bacon et le rationalisme des Lumières ne considèrent le travail que sous son aspect extérieur, à la manière de l'ingénieur, poser un acte physique suivant un plan préalable. L'agir intérieur, invisible et insaisissable, que fournit la guérisseuse, le chamane, une communauté de prière ou même une femme infertile qui entreprend de donner naissance en explorant la voie intérieure, ne compte pas comme du travail, parce que les forces que cet *agir* met en branle ne sont pas mesurables par nos moyens mécaniques. Autant dire que l'humanité (surtout en Occident) se prive de la moitié yin de sa créativité.

Arno, me voyant tout feu tout flamme, me suggère de m'inscrire au séminaire que Leterrier organise en février à Paris. Bah, j'irai à sa conférence la veille, mais pas au stage, je n'en ai pas besoin. D'aussi loin que je m'en souvienne, je fonctionne en synchronicités. Depuis dix ans, je tiens même un journal, afin d'en découvrir la trame. Je n'en suis plus à jouer aux rats à la crête de hérisson en quartz, ni au Mérion superbe d'Australie[29].

Cette magie yin, fonctionnement sans plan et sans préméditation, je tâche de l'introduire dans ma vie quotidienne. Je l'ai observée à l'œuvre lors de nos ateliers de géaculture, mais aussi pendant ce fameux week-end avec Arno à Digne où la réalité nous a déroulé un tapis rouge de coïncidences enchantées et où j'ai eu l'impression qu'un espace-temps malléable se prêtait à nos intentions. Le pompon, ce fut quand même l'apparition de ce jeune couple au pied de la Roche Dromon, site présumé de l'ancienne Théopolis[30].

Nous avons commencé notre visite par la chapelle Notre-Dame de Dromon, posée à flanc de colline au pied d'un gigantesque rocher. Première déception, l'église fermée par arrêté municipal, avec pour seule dérogation, la procession traditionnelle du 15 août. Alors que c'est une destination de pèlerinage séculaire où les femmes stériles venaient se frotter à la Pierre de fertilité dans sa crypte, puis allaient se baigner nues dans les eaux vives du Vançon qui bouillonne en contrebas. Le tout situé dans la commune de Saint-Geniez, la Sainte Genèse, *nomen est omen*.

29. Romauld LETERRIER – Recevoir des informations du futur grâce aux synchronicités.

30. Haut-lieu sacré suscitant bien des fantasmes, mais dont l'emplacement exact reste à ce jour inconnu.

Déçus, on essaie de trouver une sente pour gravir le pré pentu qui monte vers l'ensemble rocheux hyper pittoresque là-haut. Et là ? Alors que cela fait trois jours que nous parcourons des chemins de randonnée archi fléchés, ici on constate avec effarement que le lieu est inaccessible, pas signalé et que le pré est encerclé de clôture électrique. Pas de voie, pas de chemin, pas de sentier… Les flèches jaunes envoient dans toutes les directions, sauf celle où je veux aller ! C'est comme si on voulait chasser le visiteur, circulez, il n'y a rien à voir…

Arno se rebiffe, refuse d'entrer par effraction dans ce qui est visiblement une propriété privée. La ferme est juste là, à gauche, les fermiers peuvent nous voir par la fenêtre de la cuisine et, pourquoi pas, nous tirer dessus…

Je suis désemparée. Faire tout ce voyage, depuis Paris, depuis Digne, toutes ces routes à tournants, pour être stoppée net juste avant d'atteindre le cœur de ma destination ? Non, non, non, la déception serait trop grande, je m'en voudrai toujours si je repars bredouille, si près du but. La mort dans l'âme, je décide d'y aller seule. J'en informe Arno, il hésite, il sent bien l'enjeu, mais il est bloqué, peut-être de peur de paraître toujours faire comme je veux… À cet instant d'hésitation plus que pénible, un jeune couple surgit *de nulle part* (ce n'est pas la foule dans ces contrées sauvages, autant dire qu'il n'y avait personne hormis nous depuis des heures), et nous demande le chemin. Eux deux n'ont pas de cartes, pas de téléphone, même pas de sac à dos, pas de bouteille d'eau, ni d'intentions précises, ils sont beaux tous les deux comme une gravure alchimique, et tentés comme moi par cette colline pittoresque, un plateau entre deux dents rocheuses, on dirait un tarmac pour ovni. Le jeune homme décrète que les clôtures, c'est pour les vaches, que les pâturages, c'est interdit nulle part et enjambe gaiement le fil, suivi par sa jeune compagne… et par moi ! Voyant que nul tir au fusil ne retentit, Arno se décide à y aller aussi. Mais têtu, il choisit une autre voie, pour ne pas sembler me suivre. On grimpe donc chacun de notre côté à travers les herbes hautes vers cette plateforme sacrée entourée d'une dentelle de rochers. Le jeune couple s'évapore sans laisser de trace, ils ont disparu aussi sec qu'ils sont apparus. Mon rêve de cette nuit me revient, il y avait deux couples, un vieux et un jeune et je me dis, s'ils n'étaient pas venus, on ne serait pas entrés.

En haut, c'est le château de la Belle au bois dormant. Le site ne se laisse pas approcher, c'est un mur d'épineux : églantine, aubépine, prunus et belladone enchevêtrés. Les rochers disposés sur une ligne de crête orientée nord-sud offrent des paréidolies fabuleuses, notamment plusieurs couples qui s'embrassent et une géante portant un bébé. L'ensemble exhale une ambiance numineuse limite effrayante. Je frémis comme Jacob à Bethel, *terribilis est locus iste.* Mais le plus stupéfiant, c'est que soudain, j'ai l'impression de *créer* des sentiers ! D'abord il n'y a rien. Puis quand j'opte pour une direction, un sentier apparaît *ex nihilo* ! Et pour redescendre, c'est carrément l'autoroute, c'est-à-dire un chemin à ornières carrossable entre deux rangées de rochers bas envahis de broussailles, alors que je suis à peu près sûre qu'il n'y était pas à l'aller…

Là, j'ai réellement l'impression d'avoir changé de tunnel spatio-temporel. « Pendant que l'homme avance dans le tunnel, l'âme de cet homme, pour qui le temps n'existe pas, agit non pas sur le corps de l'homme pour le faire avancer, mais d'un seul coup sur toute la longueur du tunnel, pour déplacer le tunnel. »[31]

Après coup, j'ai conçu l'intime conviction que le jeune couple au pied de la Roche Dromon, nous l'avons co-créé avec Arno. Annoncés par mon rêve, le jeune yin et le jeune yang se sont manifestés grâce à la résistance d'Arno et/ou à mon désespoir de devoir renoncer si près de ce haut lieu. Ils nous ont fait changer de ligne temporelle pour nous retrouver au même endroit, mais avec plein de chemins et de sentiers, là où il n'y avait avant que de l'herbe haute. C'était possible de le faire car nous étions seuls en pleine nature, en absence de témoins et autres volontés humaines. En ville, la réalité secrétée collectivement est si dense, si fixe, que c'est sans espoir. Le monde se change en marge, pas au centre.

« C'est culotté », commente Arno en apprenant à quoi il a coopéré lors de notre escapade à Digne.

Oui, c'est culotté et c'est cela, ma voie : introduire cette magie dans la vie quotidienne, en témoigner par écrit et le partager pour le rendre contagieux. Afin que tout le monde s'y mette en pleine conscience. Nous sommes tous co-créateurs de notre réalité ! C'est la périphrase moderne de l'affirmation du Christ que nous sommes tous des enfants de Dieu. C'est-à-dire que nous sommes tous *créatures et créateurs* à la fois. Qu'on arrête enfin de (mal) créer ce monde tout en se plaignant qu'on n'y peut rien.

---

31. Philippe Guillemant, *La Route du temps*, JMG Éditions, 2014.

Le yang défaillant

Le coiffeur dont le salon se situe au rez-de-chaussée sous notre chambre à coucher, enragé par la déposition judiciaire de son climatiseur, se venge. Depuis une semaine, chaque soir en fermant le salon, il met la radio à fond. Les enceintes sont sûrement fixées dans son plafond (notre plancher), comme avant son climatiseur vrombissant l'était. La radio diffuse à tue-tête pendant la fermeture, toute la journée du dimanche et du lundi. Si bien qu'on dort mal depuis quelques nuits et que j'échafaude des mesures de rétorsion, tandis qu'Arno, d'habitude si doux et calme – jamais un mot plus haut que l'autre – est sur le point de lancer un pavé dans la vitrine. Or, cela n'éteindra pas la radio… Il faut penser plus finement. Un harceleur, on lui répond calmement, sans jamais s'énerver. On finit par décider que j'irai moi lui dire, avec la plus grande nonchalance, qu'il a probablement oublié sa radio. Puis on lui enverra le président du conseil syndical et le cordonnier. Si rien ne marche, restera l'arrosage des clientes qui sortent du salon fraîchement coiffées, samedi, de ma fenêtre, en arrosant les fleurs, par inadvertance, comme lui…

En même temps, le bruit des travaux au troisième étage secoue l'immeuble, et je retombe dans une totale amertume. Au moins un problème, celui du coiffeur, aurait été dépassé si on avait emménagé là-haut…

Le dimanche suivant, Nino à peine parti jouer chez un copain, Arno se jette sur moi toutes affaires cessantes pour une sieste crapuleuse. Dès que l'on se met sous la couette dans la lumière blafarde de l'après-midi pluvieuse, les câlins sont interrompus par la fraise du cordonnier. Un dimanche ? À l'heure de la sieste ? « Désolé, ça me coupe la chique », s'excuse Arno qui descend en peignoir pour mettre fin au bruit. En bas, il tombe sur l'apprenti et écope d'un : « Si vous n'êtes pas contents, appelez mon patron ou la police. » La vie étant une question de transactions subtiles, le cordonnier, dont les compresseurs font du bruit douze heures par jour six jours par semaine, a dû calculer que nous ne moufterons pas ce dimanche-ci car il a pris notre parti mardi face au coiffeur. Il a vite grappillé quelques semelles Topy… Il n'y a pas de petit profit. Le voisinage est un équilibre d'apothicaire.

Je me rhabille et me remets à travailler. Au début, je suis un peu énervée mais le soir, la colère monte. Au lit, au lieu de m'endormir, la rage s'installe. Ce voisinage en a après nos besoins biologiques les plus élémentaires ! Nous sommes à leur merci pour dormir et pour baiser. Et nous, trop sages, trop civilisés, on est de plus en plus poussés dans le coin, bloqués, dans nos vies disciplinées et étriquées.

Je suis si furieuse qu'Arno ne soit pas intervenu que je ne peux même plus dormir à côté de lui. Comme si de nouveau, *les polarités s'étaient inversées*, je cherche ma place au « bord du bord » du lit. Que nous avons haut et étroit ! Un lit d'amoureux ! Alors, ma situation est assez inconfortable. D'habitude, j'adore me blottir contre lui ; dormir serrée contre son corps me semble une douceur suprême pour laquelle je remercie toutes les nuits. Mais là, c'est comme si ce qui m'attire toujours me repoussait… Un verre de Rescue plus tard, je décide d'aller camper sur le canapé, avec un petit espoir de m'assoupir. Mon cerveau continue à cliquer comme l'orange mécanique et je finis par trouver le fond de mon désespoir. JE NE ME SENS PAS PROTÉGÉE ! Dans mon exaspération, je repense aux détails de cette semaine. L'autre jour, je suis (encore !) tombée sur l'heureuse propriétaire du troisième qui passait devant notre porte pour aller surveiller ses travaux. Elle avait la banane ! Aiguillonné par cette rencontre, Arno, en chemin vers son club de gym est entré dans une agence pour laisser nos coordonnées. Tout fier, il me rapporte « avoir fait sa B.A. ». Ça m'a piquée à vif… Comment ça, « sa B.A. » ? Par rapport à qui, la bonne action ? À la grande blessée mentale que je suis ? À qui il faut de temps en temps jeter un os pour la calmer ? On est loin de l'état d'esprit coopératif où *tous les deux unis, nous cherchons à nous mettre sur une ligne spatio-temporelle où nous avons déjà co-créé notre logement de rêve*. Au fond, il fait semblant en attendant que l'orage passe. Si je compte sur mon époux pour nous emmener ailleurs…

La radio du coiffeur, c'est aussi moi qui l'ai réglée ! Arno a même eu peur que je me prenne une baffe du forcené si je descends vers 19 heures pour lui faire éteindre la radio en partant. Je lui suggère alors de l'appeler, lui, de son bureau juste avant la fermeture. On ne va pas passer encore une nuit sans sommeil ! Il n'a pas le numéro. Ça se trouve sur Internet. Il n'a pas envie alors. C'est ainsi que je suis descendue à mes risques et périls et que j'ai profité de la présence du cordonnier. Le mec dans cette affaire, ça a encore été moi. C'est moi qui nous ai protégés.

Sur le coup de 2 heures du matin, Arno vient dans le salon pour me convier à revenir dans le lit conjugal. Quand je lui expose mes griefs, il s'exclame : « Mais pourquoi tu as choisi de te la jouer yin exactement au moment où il fallait payer les arrhes ? » Je finis par le rejoindre dans le lit parce que c'est encore plus facile que d'expliquer le matin à Nino pourquoi je campe sur le canapé… Il me reste la consolation de l'Ange, selon laquelle « *la volonté est un mur* ». Pour sortir de ce marasme, il faut se mettre dans une disposition d'esprit réceptive. Arno sait le faire quand il le veut – c'est même ainsi que tout est arrivé dans sa vie. L'étape suivante, nous y mettre à deux ! Car sinon, gare à nous, le 3 août approche…

Au cours d'un de mes réveils aléatoires, j'aperçois le post-it orange avec la *wish list* de notre futur foyer posé bien en vue sur le bureau d'Arno. Vu mon état, il a dû le ressortir pour se rappeler qu'on doit déménager. Il faut vraiment que je me rende malade pour lui faire comprendre que l'heure est grave… Plutôt que de courir les agences, il vaudrait mieux qu'il se mette dans son état réceptif de la création yin dont il est maître, lui dis-je. Et s'il pouvait m'apprendre comment il fait, en passant. Car si on devait louper l'appart de Mme Bourdon parce que la vie nous réserve mieux, alors il est urgent de nous mettre dans l'état de co-création unie pour repérer le bon avenir. Celui où notre lieu de vie idéal est déjà trouvé.

– Ah bon, il me dit, je sais faire ça ?

– Oui, tu le sais, tu l'as toujours fait, ce sont toujours les autres qui sont venus te chercher jusque dans ta chambre, tout ton chemin de musicien s'est fait ainsi – Jacno pour les Stinky Toys, Daho pour la Philharmonie…

– Ah oui, et Mirwais pour le groupe de Juliette et Niels pour la télé. C'est vrai ! Tu as raison, ça a toujours été comme ça dans ma vie.

Voilà, j'ai trouvé mon maître de la création yin. C'est mon mari.

Synchronicité

La conférence de Romuald Leterrier se tient au 104, la maison de la lecture mensuelle du *Dialogues avec l'Ange*, un texte attracteur de synchronicités ! L'expert en boucles de rétrocognition aborde des thèmes d'un farfelu abouti pour un béotien (bien que la rétrocausalité soit prouvée mathématiquement par les calculs de Philippe Guillemant, publiés dans les revues scientifiques à comité de lecteurs). Il insiste sur le fait que notre réel est une co-création collective, pour le moment inconsciente, et appelle à un changement de paradigme. Il faut penser à l'envers ! La mémoire fonctionne dans les deux sens, vers le passé et vers le futur. La question est de savoir comment rendre notre réalité consensuelle durcie comme un Carambar, malléable comme un caramel mou. Le libre arbitre est essentiel, c'est le vrai moteur de notre réalité. Tout processus initiatique suscite des synchronicités en séries. Constater, c'est créer ! La consultation du Yi King est un excellent outil pour muscler sa rétrocognition. Les chamanes amazoniens nous apprennent que l'on peut s'envoyer un élément de notre vie dans le rêve, la rétrocognition onirique crée la boucle grâce à la charge émotionnelle !

Au terme de son exposé, une auditrice aux cheveux courts pose une question si intrigante que je me précipite vers elle pour noter le nom des savants russes qu'elle a mentionnés. Elle, c'est Gabrielle GG, une maîtresse-femme ouverte et souriante, psy jungienne à la retraite, il lui arrive d'officier encore si besoin. Et comme Hélène la Crétoise n'est plus parmi nous, je note son numéro au cas où j'aurais un rêve renversant.

Le lendemain, nous allons avec Arno visiter un appartement avec terrasse bien protégée au dixième étage (l'obsession d'occuper un toit ne m'a toujours pas quittée) en faisant abstraction de mon vertige. Sauf que le balcon de la chambre était suspendu dans le vide, avec à peine quelques tiges de fer en guise de garde-fou. J'ai poussé un cri en m'avançant et quand Arno a voulu m'inciter à sortir, je me suis agrippée à la porte. Le propriétaire a conclu : « Alors vous, c'est soit le rez-de-chaussée, soit la psychothérapie », et nous sommes repartis. Arno en riait encore le soir dans le lit.

De retour sur le plancher des vaches, dans la rue des Morillons, j'avise un visage connu sur le trottoir là-bas. Mais, mais, c'est la dame de la conférence d'hier soir ?

Elle est aussi stupéfiée que moi, on éclate de rire, et comme nous sommes sensibles aux coïncidences toutes les deux, cette rencontre insolite mérite d'être approfondie dans le petit café à l'angle. Gabrielle et son mari Jacques organisent un festival de cinéma *Mythes &*

Réalités à Sarlat, où ils avaient déjà invité Guillemant, Leterrier et plein d'autres chercheurs fascinants. Le travail sur la conscience, ça les connait. Lui se consacre à la technologie Keshe, un genre d'alchimie moderne. Elle a consulté une seule fois une astrologue (comme moi) et ce fut Joëlle de Gravelaine (comme moi), c'était il y a des années (comme moi), mais elle se souvient encore de ce que celle-ci lui a dit (moi aussi)... Jacques et Arno parlent de la médecine quantique, tandis que Gabrielle et moi discutons thérapies jungiennes, bref, nous nous quittons meilleurs amis en nous promettant de nous revoir avant leur départ annuel fin mars en Dordogne.

En rentrant, j'en suis toute retournée. Pour le coup, cette synchronicité impressionne même mon Arno, en général assez froid face au merveilleux de la vie. Me la suis-je envoyée par la boucle rétrocognitive à la conférence d'hier ?

Jalousie

Notre chat, posté à la fenêtre de la cuisine, miaule frénétiquement en direction de la terrasse du troisième, direction où je ne lève plus jamais les yeux. Les pigeons ? Le couple qui a couvé dans les pots de lierre remet le couvert à grand renfort de froissement d'ailes et de plumes qui s'envolent, pour la plus grande excitation de notre Flammy.

La nouvelle propriétaire, la jeune femme à la banane, doit être ravie de ce symbolisme, si tant est qu'elle y soit sensible. La nature continue imperturbablement son cours, il n'y a que moi qui n'avance pas. Bloquée, coincée, stoppée ! Pour la première fois de ma vie, je ressens de l'envie. Il faut le reconnaître, je suis verte de jalousie. Ce sentiment que j'ignorais jusque-là, eh bien, grâce à ce loupé, j'ai l'occasion de l'éprouver. C'est pour la première fois de ma vie que je souffre de cette amertume, de vouloir être à la place de quelqu'un d'autre. D'habitude, je sais trop bien que chacun *est* à sa place. Quand quelqu'un réussit quelque chose, je me réjouis, parce que si lui/elle peut le faire, cela signifie que moi aussi ! J'ai toujours clamé qu'il y a une place au soleil pour chacun. Et là, non, c'est l'inverse. Parce qu'elle a pris cet appartement, moi je ne peux pas le prendre, c'est territorial. Je dois me trouver une autre place au soleil. En attendant, je baigne dans la rancœur. Les Anges enfoncent le clou dans leur livraison matinale :

> Le malade hait le sain. Le malheureux hait l'heureux.
> L'ivrogne hait le sobre.
> La haine est peur. Peur active. Sentiment de honte.
> Le malade répand la maladie.
> Aussi, je te dis de nouveau :
> Répands la santé ! Seulement cela !

C'est quand même sidérant de correspondance.

En rentrant du bureau, j'ai encore rencontré le nouveau voisin du troisième. Il n'y est pour rien, puisqu'il n'a fait que profiter de notre indécision, et malgré ça, je lui jette un regard noir. Il est temps d'ajouter du Holly dans mon mélange des Fleurs de Bach. Holly, dans la définition du docteur Bach : « Pour ceux qui sont parfois assaillis par des pensées telles que la jalousie, l'envie, la vengeance, la suspicion. Pour les différentes formes de contrariété. Ils peuvent souffrir beaucoup en eux-mêmes, alors qu'il n'y a aucune cause réelle à leur malheur. » Mechthild Scheffer est encore plus lumineuse : « Chez celui qui a été projeté hors de l'amour, le cœur se durcit ; il se sent douloureusement isolé, coupé, séparé de tout. Il est extrêmement important de reconnaître en soi ces sentiments négatifs, mais profondément humains, parce qu'ils sont le miroir de nos besoins les plus profonds. Ils nous font voir ce que nous n'avons pas, mais que nous désirerions avoir, et nous donnent la possibilité de les acquérir d'une manière appropriée. »

Quelques jours plus tard, je prends une journée de congé pour m'occuper de mes affaires en retard. Le matin au réveil, je demande à Nino d'ouvrir les volets et les rayons de soleil m'aveuglent, une récompense immédiate d'avoir pris du temps pour moi. Je vaque, quand, en début d'après-midi, notre petite rue est bloquée par un camion et un monte-meubles. C'est le déménagement au troisième ! Il fallait que ça tombe le jour où je suis là, alors que tous les jours que la vie me prête, je suis au bureau à cette heure-ci ? De toutes les dates possibles pour mon jour de congé et leur emménagement, il fallait que ça coïncide ? Par quelle diablerie la vie m'oblige à me coltiner par le menu toutes les étapes de l'aménagement du troisième ?

Me voilà de nouveau en larmes. De toute façon, dès que j'ai deux minutes, je pleure. Au bureau, je pleure ; dans le métro, je pleure. C'est lassant à la fin. Je lambine depuis si longtemps, déboussolée par l'absence de direction où ma vie pourrait s'orienter, alors qu'il me tarde de me réorganiser à fond… Avoir un espace, un lieu où je peux récupérer, me ressourcer dans le calme et la douceur. Tous les appartements qu'on visite ont un truc de travers, surtout par rapport à celui de Mme Bourdon, éternelle comparaison, qui possédait un minimum syndical de toutes les fonctions requises : extérieur, chambre d'enfant, deux lieux de travail.

Gabrielle GG

Il est temps de sortir de ce blocage mental, j'appelle la psy jungienne rencontrée chez Leterrier pour qu'elle m'aide à dépasser ce stade de disgrâce larmoyante, cet état lourd comme du plomb. (*C'est avec du plomb que l'on fabrique de l'or!* s'exclamerait Marie-A.). Un état d'esprit si bas qu'on est incapable de s'ouvrir aux merveilleuses possibilités de la vie. Dès que le rendez-vous est pris, mon inconscient me déverse une série de rêves à lui raconter. Dans ma nuit, on visitait un appartement avec Arno qui m'a montré des placards en bois vermoulus, bouffés par les xylophages dans ce qui devait être notre future cuisine... Une autre fois, je prenais un escalier de plus en plus étroit qui finissait par une ouverture vers le ciel, mais chargée de gros sacs, je n'arrivais pas à monter jusqu'en haut. Je suis retombée... sur le siège à côté du conducteur d'un petit train qui me proposait de m'emmener mais m'a pelotée en chemin.

Gabrielle habite dans une minuscule impasse de derrière les fagots, une superbe maison avec un magnifique magnolia en fleurs dans la cour! Avec elle, la synchronicité continue en cascade, *elle habite mon rêve réalisé*, comme pour m'indiquer que c'est faisable!

Cette femme volubile de 70 ans passés, qui a l'air d'une plante vivace et vigoureuse, considère que devoir assister aux travaux du troisième étage est « proprement infernal ». (Quel soulagement, enfin quelqu'un qui comprend mes tourments!) « Vous allez bouger de là! s'exclame-t-elle, péremptoire. Tu vas faire un miracle, tu vas trouver une maison parfaite, ce sera beaucoup mieux que ce que vous avez loupé. » Pour le rêve de la cuisine vermoulue, elle s'écrie: « Mais votre troisième était parasité, la vermine, ce sont vos voisins, ceux qui vous ont supprimé le jardin! » (Elle se souvient de cela? Je ne lui en ai pas reparlé, nous avons dû l'évoquer au café quand on s'est rencontrées par hasard. Un *horticide* marque donc les esprits?) « Ce sont des parasites pervers, tu ne peux pas vivre là, il vous faut aller ailleurs. Tu as un ange gardien très puissant, il s'est débrouillé pour vous détourner de ce projet basé sur un conflit larvé, qui à la longue, vous serait néfaste! »

Oui, je le conçois, mais à chaque fois que je repense à cet échec, je me vois à peine envolée, qui m'écrase contre un mur, puis glisse vers le bas. Un dessin animé, quoi!

Elle constate, navrée, que le deuil n'est pas fait. Il faut laisser tomber les sacs de l'obsession envers ce troisième, mais bon, je suis retombée sur mes pieds, enfin, dans un véhicule qui propose de m'emmener à destination. Son côté peloteur, c'est encore une partie de moi! Tous les personnages oniriques sont des facettes de notre personnalité. Il est celle qui abuse d'elle-même, qui est trop disponible aux autres, trop réglo, mais c'est à mes dépens, je ne me respecte pas assez, je ne prends pas ma place. *Maplaceausoleil*!

Gabrielle est une chamane, magnétiseuse, coupeuse de feu, issue d'une lignée d'aïeules guérisseuses. Après la séance, elle m'invite à monter prendre l'apéro avec Jacques, son mari, un homme bronzé, souriant et en pleine forme, et nous parlons de ce bonheur qui se laisse susciter.

Bon, il suffira de trouver le bon couloir spatio-temporel, là où ma maison de rêve existe déjà. Je rentre chez moi ragaillardie. À côté de la masse sombre de la tour Montparnasse est suspendue une énorme pleine lune.

La détox

Bien qu'Alexandra m'eût prévenue que notre futur logis, on ne le trouverait pas par annonces, mais « en nous promenant »[32], ma vie se déroule désormais sur Internet, à la recherche des annonces immobilières et même quand je marche dans la rue, c'est nez en l'air, guettant les pancartes de vente accrochées sur les façades. Tandis que mon doux mari se voue corps et âme à la détox, actuellement son obsession exclusive. Comme c'est le printemps, toutes les publications de santé alternative auxquelles il est abonné ont décrété le nettoyage général de nos carcasses. Il a acheté une série de vidéos qui proposent recettes, huiles essentielles, hydrolats et autres remèdes pour un programme de quatre semaines, dont le point d'orgue sera une purge au chlorure de magnésium, suivie d'un jeûne de trois jours. Du coup, il passe le plus clair de son temps dans la cuisine ; pour le petit déjeuner, il nous confectionne des fruits mélangés aux graines de chia et lait végétal, assez bon, et à la

32. Et que, sans le savoir, nous avons déjà fait, en nous promenant, la rencontre décisive qui nous conduira vers notre logis de rêve…

place du café, « trop acidifiant », je dois avaler une tisane de réglisse, censée compenser le manque de caféine. Je joue le jeu pour ne pas le contrarier, pour une fois qu'il a une initiative. En guise de dîner, il nous concocte toutes sortes de bouillons clairs ou des légumes vapeur. Nino fait la grimace et se rabat souvent sur le « dîner slovène », les tartines au beurre ou au nutella. Quant à moi, j'en profite, un kilo ou deux en moins me permettront de boutonner plus facilement mon jean. Le dimanche de changement d'heure, une heure de sommeil volée coïncide avec le vide-greniers où il faut occuper sa place tôt le matin ; après cette longue journée frisquette passée en plein air où l'on aurait bien aimé se sustenter avec un repas délicieux, Arno nous donne au dîner du riz complet accompagné des légumes suivants : *radis noir, panais et céleri*, tous les trois de couleur blême, cuits à la vapeur, sans sel et sans sauce. J'oscille entre le Charybde de panais et le Scylla de céleri dans mon assiette et comme tout est infect (même pas une petite carotte pour se rattraper), je déclare forfait et me mets au lit.

Cette nuit-là j'ai rêvé d'une immense tempête qui rugit dehors, le vent hurle et emporte tout sur son passage, un panorama pelé de montagnes désertiques. On y voit de grands rochers voler ! On est sidérés par la puissance de la nature qui remodèle le paysage. Selon le dictionnaire de Tristan, il s'agit de climat affectif hostile dans lequel je baigne. La tempête est « le signe de mésentente profonde et peut-être dévastatrice qui traverse notre vie. »

Yi King

Un jour que je suis seule à la maison, privilège rare, je consulte le livre chinois des métamorphoses. En m'installant dans la tache de soleil qui est sur mon lit, je lui pose la question de « ma place au soleil ». Le tirage tombe sur *Opposition*. Autre chose m'aurait étonnée... sauf que « l'opposition qui, d'une façon générale, apparaît comme une obstruction, possède en tant que polarité des contraires sa fonction bonne et importante. Les oppositions entre ciel et terre, l'esprit et la nature, l'homme et la femme réalisent par leur équilibre la création et l'éclosion de la vie. » Nous revoilà dans la sempiternelle question des rapports entre le masculin et le féminin qui me taraude depuis qu'a commencé cette histoire de changement de lieu de vie !

Les traits non plus ne sont pas piqués des hannetons. Celui d'en bas : « Si tu perds ton cheval, ne cours pas après lui : il revient de lui-même. Lorsque l'opposition se dessine, il ne faut pas vouloir dessiner de force l'unité. » Et celui d'en haut, magistral : « Isolé par l'opposition, on voit son compagnon comme un porc recouvert de boue, comme un char rempli de démons. D'abord, on tend son arc contre lui, puis on dépose son arc. Ce n'est pas un brigand, il fera sa demande en son temps. Tandis qu'on marche, la pluie tombe et la fortune vient. »

À cette lecture, j'éclate de rire toute seule dans mon lit. C'en est comique de vérité ! Et la conclusion est rassurante. À l'instar de notre *monstera* conjugal qui, pris d'une nouvelle vigueur, a refait une feuille.

Gabrielle GG, ma fée de synchronicité qui habite mon rêve réalisé, m'envoie un texto avec le numéro de sa voisine. Laquelle met en vente son appartement venelle des Charmes, en face de chez elle ! Cet appartement, un duplex, serait doté d'un patio ! Et voilà mon cœur qui bondit et qui s'emballe malgré les sages préceptes du Yi King préconisant de cesser les spéculations et de s'en tenir au moment présent.

J'ai carrément le trac avant d'appeler Mme Lemerle. Il s'avère que le logement à vendre est un rez-de-chaussée disposé autour d'un patio à ciel ouvert. Or, il a beau se situer dans une voie déshéritée le long du chemin de fer à proximité du périphérique, son prix dépasse de loin nos moyens. Comment faire un miracle pour combler une telle différence ? Et quand bien même, quel sens cela aurait dans ma vie ? Ai-je vraiment envie de faire des miracles si autocentrés ? Je m'excuse de l'avoir dérangée et raccroche.

Je vais continuer à fouiller dans le noir, à creuser des tunnels comme une taupe dans l'humus. Voilà comme je me vois en ce moment : une taupe égarée, myope, sans visions, cherchant sa direction dans les profondeurs de la terre.

Dialogues avec l'Ange :

> G. – À quel signe puis-je reconnaître que je comprends ?
> – À ce signe que tu ne le sais qu'après.

Tourments de Tantale

Avec Arno, on déplace la *crassula ovata* géante, qui se meurt à petit feu dans le salon depuis qu'elle a été exilée du toit, perdant ses feuilles par centaines, attaquée par des cochenilles et une méchante mycose. Sa splendeur d'antan a pris un sacré coup. C'est un rejeton de la célèbre succulente de ma mère. Ma sœur en possède un autre rejeton et quand on sait qu'on l'appelle aussi arbre de jade, arbre de chance ou arbre d'amitié, c'est mauvais signe. On la coince sur le rebord de la fenêtre qui donne sur le toit, mais de notre côté de la grille, pour ne pas exciter l'ire des Meszaros. Arno ne peut s'empêcher d'ironiser : nous voilà repartis pour huit ans de procès. Et moi, je ne peux m'empêcher de repenser à quel point mon jardin et moi n'avons pas été protégés ici, par lui, l'homme de la maison. À ce moment-là, on constate que les travaux ont commencé sur la terrasse du 3e. Et rebelote : crise de larmes. On est reparti pour trois mois de travaux, alors qu'ils ont à peine enlevé les plastiques de protection dans les escaliers. C'est le supplice de Tantale : je me sens comme celui qui s'est promis un gâteau pour son anniversaire, il est allé le voir tous les jours dans la vitrine du boulanger, il a même réservé le gâteau, sauf que non, le jour J quelqu'un l'a devancé et le voilà maintenant obligé de regarder l'autre, manger son gâteau, bouchée après bouchée, depuis trois mois…

J'explique à Arno que je ne pourrai plus tenir longtemps ici. À un moment, si je n'en peux plus, je prendrai mes cliques et mes claques et j'irai ailleurs sans lui. S'il mettait dans la recherche d'un nouveau foyer la moitié de l'ardeur qu'il met dans la détox, on serait déjà partis !

Pour remédier à mon désespoir personnel, le pendule m'indique Sweet Chestnut. Tu parles ! La nuit noire de l'âme avant une transformation majeure de la personnalité. L'élixir de la fleur de châtaignier, aussi nommée la fleur de la délivrance, « prépare toujours une importante étape de l'évolution. Dans cet état, l'être humain apprend ce que signifie d'être seul ; il comprend que ce déchirant face-à-face avec lui-même lui permet, seul, d'accéder à une autre dimension de conscience ou à Dieu. »

J'ajoute ces gouttes à mon mélange qui en compte déjà pas mal, et voilà ce que m'apporte le rêve dans la nuit : Nous visitons un appartement. Les propriétaires nous laissent seuls et là, divine surprise, un salon géant qui continue vers un immense jardin au milieu duquel trône un arbre illuminé de lumignons aux couleurs chatoyantes. On demande des plans aux proprios, nous sommes à Port-Royal.

Ou comment faire surgir la magie au quotidien

Port-Royal est la maternité où notre fils est né. J'aimerais croire qu'une porte royale s'ouvrira une fois que je serai remontée à la surface après cette période de fouissage de taupe dans l'humus.

Le mont Donon

Hagia Chora section « féminin sacré » s'est donné rendez-vous à mont Donon, le massif le plus élevé des Vosges, haut lieu de culte néolithique et sanctuaire druidique, jamais christianisé par la suite. C'est comme voir Chartres avant la cathédrale !

Marie-A., toute à son besoin de douceur, nous a concocté un gîte nommé « Le nid des fées », monté de bois brut et d'éléments de recyclage, œuvre d'un couple aimant, lui ancien militaire qui sait tout faire, qui bâtit et protège, cajolé par son regard d'amour à elle qui l'admire et lui donne la force. Un chef-d'œuvre d'ingéniosité, tout en rondeurs, la beauté à l'état naturel ! Dans les prés alentour, leurs animaux gambadent en semi-liberté : poules, coq, âne, béliers, chèvres… Cet endroit vibre d'une vitalité saine et vigoureuse ! Cela me confronte douloureusement à mon couple aride et stagnant. Comment j'ai fait ? N'ai-je pas eu assez d'admiration pour Arno ? En attendant l'arrivée de Saskia, je raconte mes misères à Marie-A. et Christelle. Mes amies m'encouragent à accueillir la jalousie, la souffrance, le « sans soutien » : « Tu en feras ton humus pour planter ta graine d'étoile ! » Elles me conseillent d'y aller carrément, de plonger dans ma douleur, de revisiter tous les endroits en moi qui se sentent abandonnés. Et comme j'ai toujours été dans *l'effort* et dans le soutien aux autres, envisager de renoncer à l'effort ! La création yin est sans peine et sans contrôle, mais comme nous avons aussi besoin de sécurité, il nous est difficile de *lâcher*. Laisser venir les choses à soi. Mes amies avouent qu'elles pleurent aussi, souvent et abondamment, et se demandent parfois ce qu'elles fichent sur cette planète… Quand on est au fond du trou, il vaut mieux être « encordée » ! Merci, les amies.

L'après-midi, en randonnée vers la Roche aux Fées, nous nous sommes perdues plusieurs fois, nous nous sommes même enfoncées dans un marais, avant de penser nous arrêter pour méditer et demander aux lieux la permission d'entrer. En guise de clé, il me vient l'image d'une branche de sapin qui se déploie en fractales, de la même façon que les branches de nos poumons se ramifient, nous sommes dans le pays du suc des Vosges ! Le dedans est comme le dehors, pas seulement psychiquement, mais aussi physiquement, mon corps fait partie du système Terre ! Cette redécouverte me met en joie, comme si cela me remettait dans le flux de la vie dont mon chagrin m'a exclue. Les sapins sont *verticaux* ! L'effort que chaque arbre fournit pour élever la matière vers le ciel est une leçon de verticalité par rapport à mon état liquéfié. Même les arbres terrassés par un coup de vent se redressent toujours à la verticale ; parfois, les branches issues d'un tronc couché deviennent une rangée de jeunes adultes. Arrivées en haut, nous sommes accueillies par un mégalithe géant posé sur le sommet et qui surplombe la vallée comme une cathédrale. À l'intérieur, c'est une grotte de contemplation : trois voûtes sur piliers, donnant sur trois directions. Un belvédère de fées.

Redescendant de cet endroit enchanteur, un lieu de pouvoir déclencheur de synchronicités (une pancarte nous informe du fort taux de rayonnement tellurique !), je ramasse un petit papier de bonbon qui porte une citation de Ralph Waldo Emerson :

N'allez pas là où le chemin peut mener.
Allez là où il n'y a pas de chemin
et laissez une trace.

Je suis saisie ! Ça fait des mois que je me lamente d'errer dans un no man's land psychique, d'avoir perdu ma voie, et là, la réponse claque ! Est-ce qu'un lieu puissant comme la Roche aux Fées confère cet effet d'alignement qui vous sort de la mélasse ?

Le lendemain, on arpente le mont Donon, et sur la montée vers ce qui va se révéler comme un vaste monument mégalithique de la Déesse, le refrain de *Riders on the Storm* des Doors me vient en tête d'une manière obsédante : *Girl you'v got to love your man.*

Alors que les images touristiques du site et toutes les flèches sur place vous dirigent vers un petit temple néogrec datant de la fin du XIXe siècle, un frêle édicule sans intérêt aucun, ni esthétique, ni spirituel, pure lubie de notables de l'ère industrielle qui avaient depuis longtemps perdu tout lien avec la vie, nous voici toutes les quatre ahuries : Comment ? Cette « boîte à chaussures » qui défigure le paysage est posée sur ce qui s'avère être un gigantesque tertre mégalithique ? Une dalle immense et puissante aux bords arrondis, épaisse de plusieurs mètres, qui avance en promontoire et sur laquelle se dessinent les failles en croix, orientées nord-sud et est-ouest *au degré près*, est en fait, vu d'en bas, un dolmen posé sur un amas rocheux très précaire qui me rappelle les trois pattes de poule sur lesquelles tourne la maison de Baba Yaga dans les contes russes. Quelle découverte ! Ce sanctuaire de la Déesse, ce chef-d'œuvre de Dame Nature, sur lequel la prophétesse Velléda menait les processions, porte ce « mini-temple » surgi de cerveaux masculins débiles, et comme d'habitude, l'humanité ne voit que ce petit temple artificiel et pas la composition robuste et merveilleuse qui le porte ! Invisibilisée, tellement elle est grande. Pas vue car qualifiée de « naturelle ». Je n'en reviens pas. Je comprends mieux la chanson des Doors qui me tourne dans la tête, aussi bien par rapport à mon couple que par rapport à cette invraisemblable méprise que je vois là.

Girl you'v got to love your man,
Girl you'v got to love your man,
take him by the hand and make him understand
the world on you depend, oh life will never end.
You'v got to love your man[33].

---

33. Tu dois aimer ton homme / Prends-le par la main, et fais-lui comprendre/ Le monde dépend de toi et la vie n'aura pas de fin/ Tu dois aimer ton homme.

Au retour à Paris, le lundi de la Semaine sainte, Notre-Dame est en feu ! Ça y est, la Déesse nous vire ! Elle a décidé de supprimer le refuge qu'elle nous offrait au cœur de la ville. Nous ne méritons plus son réconfort, nous ne méritons plus son toit, nous qui avons vidé le monde de toutes ses dimensions spirituelles, nous qui sommes devenus une civilisation si matérialiste que sa maison s'est transformée en simple vache à lait touristique, pour ainsi dire une putain. (C'est aussi le lundi avant la Pâque que le Christ a renversé les tables des marchands du Temple !) Michel Maffesoli suggère que « plutôt que de continuer à parler de patrimoine, pourquoi ne parlerions-nous pas à propos de Notre-Dame de “matrimonium”, de matrimoine ? Quelque chose qui nous renvoie à la matrice. » Et cette matrice, ça y est, elle n'en peut plus, elle nous a éjectés ! Nous ne sommes plus des bébés et elle ne nous abritera plus sous son toit !

Radia

Soudain inspirée, j'invite à déjeuner la femme de notre nouveau collègue, une connaissance de lycée. Dès que l'on s'attable à la crêperie, il s'avère qu'elle est à la recherche d'un lieu de vie, comme moi, en pleines affres immobilières, comme moi, quelqu'un lui a soufflé un appart sous le nez, comme moi... Ça fait beaucoup de *comme moi* et de *moi aussi* pour deux femmes qui se connaissent à peine. Il était où, cet appartement ? À Mostec, le quartier de Ljubljana où habitait feu ma mère ! Elle m'y a légué son appartement, actuellement loué. Radia avance les arguments sensés, le quartier est demandé, c'est le pic des prix, les bâtiments construits il y a vingt ans vont bientôt nécessiter des travaux. Les émotions sont ce qu'il y a de plus cher dans l'immobilier, m'affirme la jolie brune que j'ai en face, et si je vis en France, pourquoi ne pas investir plutôt ici ?

Je n'y ai jamais pensé, la rentabilité n'est pas mon premier souci, sauf que là, ça donne à réfléchir. Lana, ma sœur, est d'accord, cela fait dix ans qu'elle pense que je devrais vendre. En plus, il y a un côté symbolique là-dedans. Elle, quand elle s'est débarrassée de l'appartement légué par notre père, elle s'est délestée en même temps du fardeau karmique attaché à ce lieu : les crises de famille, la maladie de notre père. Le nouvel appartement a été pour elle un nouveau départ.

Corse III

Le mois de juillet revient tous les ans avec une belle régularité, et avec lui notre départ à Saint-Florent. Le soir où l'on fait les bagages, le bruit des rires et éclats de voix joyeuses m'attirent à la fenêtre sur cour. Il fait beau et chaud, quelqu'un a organisé un apéro. Je lève les yeux, c'est la terrasse du troisième qui est enguirlandée, nos nouveaux voisins sont en train de célébrer… Être toujours aux premières loges de tout ce qui concerne cet appart devient un running gag.

La nouvelle lune vient avec une éclipse, toujours porteuse de surprises, bonnes ou mauvaises. À peine débarqués dans l'envoûtante maison de Krissy, je reçois un coup de fil affolé d'une dame de Ljubljana, une voisine de feu ma mère, me prévenant que dû à un affaissement de terrain, l'inspection vient de décréter la fermeture du passage entre deux immeubles, le nôtre et le mitoyen. Le mot « évacuation des habitants » a été prononcé ! Comme j'ai fini par mettre en vente l'appartement légué par ma mère, afin de nous agrandir ici à Paris, cette menace met du plomb dans l'aile à mes plans... Pourquoi j'apprends cette nouvelle exécrable le jour de notre 12e anniversaire de mariage, qui lui aussi a du plomb dans l'aile ? C'est une contrariété, encore un souci de riche, pas de quoi faire un foin, mais quand même, c'est le deuxième congé en Corse qui me sera gâché parce que j'ai besoin de déménager.

Sur la plage, au lieu de jouir de la beauté qui nous entoure : mer, montagnes, rivière, roseaux, mon cerveau court comme un hamster sur sa roue, clec-clec-clec, clec-clec-clec, je replonge dans le chagrin et la rancune, l'échéance du 3 août approche et rien n'est réglé. Puis je m'engueule : tu as un mari et un fils, vivants et en bonne santé, et regarde ! Laetitia qui est avec nous sur la plage vient de perdre son homme et deux de ses trois enfants dans un accident de la route ! Si tu n'es pas contente, cela aussi te sera repris... Le tourniquet des pensées cliquette dans ma tête, et bien sûr dans cet état, aucun rocher n'a de visage... En même temps, c'est contre-productif de se reprocher les sentiments négatifs : plus on se sent coupable, plus on plonge, c'est un cercle vicieux. On connaît tous cette expérience de psychologie à Harvard, où l'on a demandé aux cobayes de ne pas penser à un ours blanc... Le groupe qui avait pour consigne de penser à un ours blanc y a pensé bien moins que celui à qui il était interdit d'y penser... Je fais un effort surhumain pour me concentrer sur *ici et maintenant*, l'eau verte, le vent tiède, les rayons de soleil moelleux, et au bout d'une heure de gratitude consciente, enfin, les têtes des gnomes apparaissent dans les environs rocailleux. Preuve que la paréidolie est un état d'esprit, un sentiment profond d'unité avec la nature.

On dirait que grâce à la nature, mon humeur s'est stabilisée, or à déjeuner, l'amie de ma nièce, une jolie blonde plantureuse qui attendrit aussi bien Nino qu'Arno, me questionne sur mon intolérance au gluten. Comme elle est infirmière, je prends la peine de lui expliquer que la somatisation au gluten, même racine que la glu, survient au niveau symbolique quand les gens vous collent trop et qu'on ne dispose pas d'espace vital. Elle s'est déclarée chez moi à la rentrée de l'année dernière, en revenant de Corse, tiens, il y a tout juste un an, on m'a supprimé mon beau bureau individuel plein sud avec terrasse et plantes grasses, pour atterrir dans une pièce partagée en face de la photocopieuse où tout le monde stagne pour bavarder. Au souvenir de mes succulentes que je transporte de-ci de-là comme le chat ses petits depuis deux ans et qui pourrissent actuellement dans un puits de lumière obscur et humide, je refonds en larmes ! Toujours inconsolable. Comment dépasser ce stade ? Je suis insortable !

Dans la cuisine en débarrassant la vaisselle, Cécile, avec le calme élégant qui la caractérise, me dit que l'enchaînement de mes mésaventures « spatiales » frise l'improbable, que je dois voir d'où ça vient en moi-même, que rien ne sert de continuer à me battre à contre-courant, qu'il *faut faire un pas de côté.* Je lui avoue que je suis désemparée parce que « tombée hors la magie ». Et elle, du tac au tac, et avec le plus grand aplomb, me répond que oui, pour des « élus » comme moi qui sont dans « la magie active », il y a en ce moment un seuil à passer, un devoir de partage, une obligation de rayonnement. On ne peut plus rester dans sa magie personnelle, il faut que ça infuse dans la société. Et c'est à nous, les pionniers, que ça incombe !

Pionniers ou pas, je ne suis qu'une pauvre humaine et dans « l'humain », il y a « humus ». Rapport à la taupe qui ne sait plus dans quelle direction avancer. Cécile se veut apaisante : « Tu verras, ça va bouger, c'est la "queue de la comète" ». Et Corentin de rebondir : « Oui, mais la queue, c'est celle de Rocco Siffredi »...

Sur la plage, même dans mon beau « jardin de Dieu », une crique féerique où poussent des coussins d'herbes pointues particulièrement bien disposés, la beauté de ce lieu m'a toujours réconciliée avec la vie, je nage dans l'amertume. Rien ne sert de le nier. Je me retrouve en ce moment dans Marie-Louise von Franz[34] :

> Dans une multitude de cas, les souffrances de la femme proviennent de cette réaction archétypique qui consiste à ne pas savoir surmonter une blessure, une rancœur ou une mauvaise humeur dues à une déception dans le domaine du sentiment. Cette réaction submerge la personne qui se trouve envahie par un bouleversement émotif ou un état de possession. La féminité méconnue qui provoque l'animosité de la femme est une réaction de nature archétypique qui se reflète dans les matériaux mythologiques et les contes : elle répond au modèle archétypique de la déesse outragée.

34. *La femme dans les contes de fées*, Albin Michel, 2023.

Hélas, c'est tout à fait ça, la déesse outragée, c'est moi ! Je cherche une solution et me souviens que pendant ma période d'infertilité, en plein conflit intérieur entre « celle qui voulait être mère » et « celle qui voulait être artiste », j'avais trouvé un refuge sur le terrain neutre de « celle qui aime Arno ». Celle-là seule était contente de son état à cette époque. Et dans le cas actuel ? Quelles sont les forces en présence ? Il y a la « déesse outragée » qui est si déçue dans son couple qu'elle est tentée de tout laisser en plan pour recommencer une autre vie, éventuellement avec un partenaire qui comprendrait la force incommensurable de l'union du yin et du yang. Tandis que « la raisonnable » diffère sa décision par égard pour le fils. Oui, Nino aurait été totalement perturbé par mon départ vers une ZAD. Et si c'est pour rester à Paris, autant continuer la cohabitation avec Arno, c'est une douce proximité sexuée, il est gentil et prévenant, à la fois absent et tactile, agréable, même si en profondeur je suis seule. Conclusion : celle qui est contente dans l'état actuel, c'est la mère de Nino. Nino a treize ans, ce qui signifie que nous avons à peu près cinq ans devant nous pour nous réorganiser.

Un matin, au café du port, Corentin profite de deux minutes de tête-à-tête pour me déclarer que ma mésaventure avec l'appart est *entièrement et exclusivement de ma faute !* Puisque j'ai déjà décrit le processus de la création yin dans mon premier livre et que maintenant, je me comporte comme si j'avais mis ça dans une boîte à part pour vivre ma vie de petite-bourgeoise. Je sais que je dois sortir de cette obsession qui prend le dessus et qui risque de tout emporter si je ne me ressaisis pas. Corentin est du même avis. Arno et sa passivité (qu'il qualifie quand même de « révoltante ») ne sont que le *miroir de toi-même, et de ton état intérieur*. Je ne ferai rien venir si je ne me mets pas *en disponibilité* et si je ne fais pas *de l'espace* pour le nouveau. « Pourquoi tu ne braques pas Arno ? Il ne va jamais bouger si tu ne fais pas un acte de foi. Quitte ton boulot, vas-y ! » L'idée de rejoindre une ZAD n'est qu'une lubie mentale, « tu y retrouveras les mêmes problèmes d'espace vital et d'anéantissement du végétal qu'ici *si tu ne règles pas les choses entre toi et toi !* » (C'est vrai, rien qu'hier, j'ai lu un article sur un couple qui a déménagé à la campagne afin d'y soutenir la biodiversité et qui est maintenant définitivement condamné à combler l'étang qu'ils avaient creusé, malgré les grenouilles qui s'y sont installées…) « Le comportement d'Arno n'est qu'une indication géographique d'où tu te trouves toi actuellement ! » Quand je lui raconte l'hiver que j'ai dans les dents, les travaux du troisième, le déménagement le seul jour où j'étais là et les voisins qui étrennent la terrasse la veille de notre départ, lumignons multicolores et rires à l'appui, il éclate de rire : « C'est comme moi, on s'est quittés avec ma petite amie qui habitait le même immeuble, alors j'ai eu droit à son nouveau mec dans l'escalier, putain, ça fait mal. »

« Si tu décides en dedans de toi d'arrêter de t'agiter, c'est Arno qui sera obligé de faire un mouvement. Finie l'inertie de celui qui reste dans son coin car tout lui tombe tout cuit dans la bouche sans lever le petit doigt. Si c'est toi qui deviens *vraiment* réceptive, si tu laisses voir venir, au début évidemment, tu te retrouveras face à un vide, un trou, c'est un moment pas marrant à passer, mais après, tu verras comme il se remuera, ton Arno. Surtout que vous ne risquez rien (si ce n'est de rester là où vous êtes). Ouvre-toi à ce qui vient et laisse advenir ce qui est le mieux pour toi, et que tu ignores ! Après, les synchronicités, c'est toute ta vie qui est synchrone, t'es dans le flux et tout tombe sous le sens ! Ta vie devient du ski nautique, tu chevauches le tigre. »

Je l'écoute. Il a raison, je connais tout cela. Pourquoi c'est lui qui doit me le redire alors que je le sais par cœur ? Kryeon insistait déjà : « Vous pouvez avoir la programmation, vous pouvez avoir la synchronicité, ce sont deux systèmes différents. C'est soit l'un soit l'autre, mais vous ne pouvez pas avoir les deux ! »

Corentin a loupé sa vocation, il aurait dû être prêtre. Il a l'art de trouver les paroles qui vous touchent au cœur, qui vous consolent et vous inspirent. Il vous transmet une énergie pleine de foi qui vous pousse de l'avant. Un vrai Chrysostome ! Si je repense maintenant à cette conversation mémorable au café du port, dans l'âpre lumière matinale, il y a eu un avant et un après.

Avec mon nouvel état d'esprit, les résultats ne se font pas attendre. Pour échapper au train-train, on décide d'aller rendre visite à San Michele de Murato, notre vieil ami qui a sa petite église en échiquier de pierres vert foncé et blanches, fine et ciselée, posée comme un jouet sur la chute d'une crête de dragon, trois épines de rochers. La légende dit que l'église a surgi en une nuit, bâtie par les anges, et en effet, c'est un lieu puissant où les forces telluriques se marient aux influx célestes.

On boit à la source de la bonne eau, celle que je récupère pour faire mes mélanges de Fleurs de Bach, puis on continue vers la rivière Bevinco. Sur le pont, deux vieux Corses tout droit sortis d'une carte postale nous indiquent que la meilleure baignade c'est juste au-dessous, derrière l'énorme boulder en aval. La vasque d'eau fraîche est si profonde qu'on n'y va pas à pied ! On nage, on s'asperge, on admire les fleurs de câpres et de millepertuis qui ornent ce petit paradis, un aulne majestueux à quatre troncs, les bébés peupliers qui frémissent plus bas, la beauté ! Je prends Nino en photo dans les rayons rasants du soleil qui se couche derrière le boulder géant, et le soir, je verrai qu'un sourire bienveillant se dessine sur la face de la grande pierre. La nature réagit au quart de tour : il suffit d'être attentif pour le voir. Je prends la peine de défaire un vieux sac plastique emberlificoté par le torrent sur les épines d'une églantine et dès que j'ai fini, mon regard rencontre un caillou au pied du buisson, un cœur très net s'y dessine, une réponse directe, comme souvent. L'Univers est magique.

Marie-Madeleine

À la maison, en notre absence, le petit oranger « de la consolation » – celui qu'un jour de grand chagrin, après la mort de mon jardin, j'avais ramassé près d'une poubelle au Champ-de-Mars, où ses anciens gardiens l'avaient abandonné parce qu'il jaunissait d'un côté – a fait une grande floraison. Plein de fleurs ont été pollinisées et des centaines de boulettes vertes commencent à grossir sur les branches. Il est content de sa nouvelle vie.

Mon retour au bureau c'est le 22 juillet, jour de la sainte Marie-Madeleine, le parangon de la féminité, de la puissance de l'amour et de la création yin. C'est le jour où, après de longs mois de négociations, on me fait enfin signer mon mi-temps ! À moi la liberté ! Ma semaine de bureau sera désormais finie le mercredi à midi et j'aurai quatre jours entiers à me consacrer à mes autres activités. (Selon la sagesse bouddhiste : pourquoi se fâcher contre un puits tari ? Plutôt aller chercher son eau ailleurs.)

Au lever de mon premier jeudi libre, je me sens riche, immensément riche de toute cette plage de temps qui s'étale devant moi comme une mer infinie, toutes ces heures à ma disposition et personne pour me dire ce que je dois faire ! J'ai enfin le temps d'aborder la nouvelle édition du Yi King, la rouge (retraduite par Cyrille Javary et Pierre Faure) qui, par rapport au livre jaune, datant du début du XXe siècle, s'adresse au lecteur dans une langue plus contemporaine, plus proche de nos questionnements actuels. Je demande au sage livre ce qu'il pense de ma nouvelle situation et je tire le Grand réalisé. « Le moment correspond à un grand souffle créateur qui permet de passer du projet à la réalisation, du latent au patent, du virtuel au manifesté. »

Cependant, « la grande créativité que ces traits yang expriment n'est possible que *par leur relation avec le seul trait yin de la figure* (c'est moi qui souligne). Symbolisant à la fois *effacement* et *accueil*, ce trait est d'une importance primordiale : il représente le souffle qui permet au processus universel de fonctionner. Ce vide, qui peut être ressenti négativement comme manque ou absence, constitue en fait le point qui permet de se relier à l'indifférencié, à l'informel, à ce qui n'est pas encore advenu. »

Un peu plus loin, le livre parle carrément de lui-même : « L'action (représentée par la main) du tison sur les pièces divinatoires n'était pas vue comme créant les fissures, mais comme les "faisant venir à l'existence". L'acte divinatoire "réalisait", rendait réelle, c'est-à-dire lisible, une configuration momentanée, préexistante à sa manifestation. » Comme dirait Leterrier, le Yi King est un générateur des synchronicités et il le sait !

Le 3 août bis

Un soir, Krissy me fait la surprise de sonner à l'improviste. Elle m'offre deux beaux draps en lin brodé dénichés aux puces et comme Arno est au travail, nous prenons l'apéro toutes les deux et « vidons l'abcès », comme elle le dit. Elle ne se souvient pas d'avoir découragé Arno d'avancer les arrhes. « Ce n'est tellement pas moi ! » Cela ne lui ressemble pas, elle ne comprend pas. Moi non plus, je n'avais rien compris, j'avais cru avoir une alliée, d'où ma déception... Nous avons mis un an pour avoir cette conversation. Le rythme des choses me semble d'une lenteur insoutenable. Soulagée quand même et reconnaissante que nous ayons enfin abordé le sujet. L'air me semble débarrassé d'électricité, comme après l'orage.

Comme si Krissy était intuitivement sensible au syndrome d'anniversaire, cet apéro a eu lieu la veille de mon fatidique 3 août ! Voici venu le jour, un an précisément après l'annulation, date à laquelle j'ai dit à Arno que si dans douze mois rien ne bougeait, je partirais.

Entre-temps, les choses ont évolué, j'ai lancé la vente de l'appartement de ma mère, j'ai signé le mi-temps, c'est donc (encore) moi qui ai bougé. Mais travailler à moitié, c'est déjà ralentir. Selon Corentin, cela poussera Arno à l'action. Et pour ce qui est de partir (puisque notre nouveau lieu de vie n'est pas encore en vue)[35], je ne vois pas pourquoi je devrais mettre toute ma vie par terre, perturber Nino dans sa scolarité, simplement parce que mon mari n'avance pas. Je bougerai quand la situation sera mûre, avec lui ou sans lui. Pour moi, le jardin est une nécessité vitale, et si ce n'est pas avec Arno, ce sera seule… ou avec quelqu'un d'autre.

Ce qui est formidable, c'est que Mina ait eu le temps, juste ce jour-là, pour me faire un nettoyage des liens karmiques. Pendant la séance, une tâche éminemment yin (puisqu'elle ne contrôle rien, se laissant entièrement guider par ce qu'elle appelle ses « maîtres invisibles »), elle me dit que le gros nœud cette fois-ci c'est *le déséquilibre entre mon yin et mon yang*. Le côté féminin n'est pas épanoui, car mon masculin intempestif joue soit la victime, soit le dominateur. Conséquence : inconsciemment, je me suis attiré Arno et ses tendances trop yin. Il est urgent d'équilibrer ce yang importun. Depuis le temps que je m'y attèle, à travailler sur mon couple yin-yang intérieur, comme le préconisent les alchimistes…

Sur le palier, en prenant congé, Mina me confie qu'elle vient de soigner une dame dont le fils de 27 ans s'est suicidé. « Pitié ! » je m'écrie. De grâce, vraiment, moi et ma petite famille, on va bien. On devrait baigner dans la gra-

35. Après coup, on sait qu'il est déjà là, mais c'est seulement après coup.

titude du matin au soir… Non, vraiment, il n'y a aucune raison de renverser la table, de tout foutre en l'air et de faire de ma vie (somme toute assez douillette, même si je m'empoigne honnêtement) un champ de ruines pour la seule raison que mon cher mari a une carapace.

La carapace

Nino est en Slovénie et lors de mon deuxième « week-end » de quatre jours, Arno propose de m'emmener dans le Jura. Une initiative, une première !

À midi (car désormais, on peut déjeuner ensemble !), on parle carapace avec Arno : cette rigidité mentale qui l'empêche de se guérir le dos, de vivre à fond et de m'aimer pour de vrai. Le soir, toute à ma lecture de Jonathan Blake, je tombe sur un passage qui parle de la carapace :

> Notre corps animal a été corrompu : il a durci et s'est entouré d'une sorte de carapace protectrice, dans laquelle nous nous sentons confortablement à l'abri. Nous sommes habitués à cette carapace, nous avons même fini par compter sur cette protection. Mais si nous avons des vies douillettes (*sic !*), c'est grâce au sang versé, à la torture, au vol et à l'injustice et, dans notre for intérieur, nous ne pouvons l'ignorer. Ce dégoût que nous éprouvons de nous-mêmes nous empêche de vivre pleinement le moment présent, de vivre la vie

> à fond. Nous n'arrivons pas à aimer véritablement ou à être aimé, tant que cette carapace, semblable à celle d'un insecte, n'est pas brisée par le processus déchirant de l'initiation. Tant que nous n'atteignons pas ce point, nous ne savons pas ce que la vie est censée être.[36]

Le soir d'après, on se retrouve avec Tristan (qui va garder le chat en notre absence) et sa petite amie, au Select. Le psy réitère à Arno sa thèse le concernant, à savoir que l'hypersensibilité est un symptôme de surdouance et que les surdoués, qui ont du mal à faire face au réel et aux relations avec les autres, s'élaborent une *carapace* pour se protéger. (Décidément, c'est la série de la carapace en ce moment !) Une forteresse même. La jeune femme en face de moi dégaine son smartphone et soumet Arno à un interrogatoire de quarante questions. Si plus de vingt réponses positives (dûment consignées dans un carnet par Tristan), on est officiellement hypersensible et possiblement surdoué. Arno en engrange vingt-sept. Oui !

Et pour clore le sujet de la carapace, Arno a rêvé pendant notre week-end dans le Jura qu'il cherchait son manteau et qu'à la place, il a trouvé un pantalon ! Il l'a enfilé un peu malgré lui, mais un coup d'œil sur le site de Tristan nous révèle que le manteau représente une protection, donc une *carapace*, tandis qu'un pantalon est symbole de masculinité, porteur d'un influx d'énergie yang.

Ça bougerait alors du côté de mon Arno ? J'en suis ravie.

36. Jonathan Blake, *Histoire secrète du monde*, J'ai lu, 2011.

Le quartier

Montparnasse m'insupporte de plus en plus, du bruit jour et nuit, activités envahissantes et abusives, toute la journée le bourdonnement des compresseurs du cordonnier et quand, tard le soir, enfin s'arrête l'agitation fébrile des livreurs de Monoprix, ce sont des attroupements de spectateurs qui sortent des théâtres et prennent la relève, suivis aux petites heures de l'aube par les fêtards quittant les boîtes de nuit, et qui se sont garés sous nos fenêtres. Surexcités, ils poursuivent des conversations enflammées tout en laissant le moteur de leur voiture tourner, et poussent parfois des cris de fauves déchaînés qui nous interrogent sur la qualité des substances qu'ils ont prises pour pouvoir s'amuser. On ne peut plus ouvrir aucune fenêtre, sur rue : c'est le vacarme perpétuel ! Sur cour ? C'est le matou de la nouvelle voisine qui n'hésite pas à se vautrer dans mes pauvres jardinières aux fenêtres, déracinant ainsi mes trois misérables crassulacées qui vivotaient là sous le mauvais œil des voisins du dessus…

Ou comment faire surgir la magie au quotidien

Je n'en peux plus de cette femme lamentable qui se lamente en moi. Décidément, mon féminin n'est pas au top, loin s'en faut. Seule consolation, ma fleur de la passion fait une belle floraison. Tous les jours, une fleur s'épanouit, suivie d'une rangée de boutons sur le point d'éclore. C'est l'explosion sérielle de ces belles fleurs si mystérieuses, aux corolles de pétales et pistils à trois niveaux, tellement compliquées qu'on dirait une aire d'atterrissage pour hélicoptères.

La Baume et la Citadelle

Notre petit groupe de géaculteurs s'est donné rendez-vous sur la Route du temps à Sisteron. C'est un site remarquable : la Porte de Provence entre les Alpes et la Méditerranée, marquée par le passage étroit que la Durance (auparavant un torrent impétueux domestiqué par les barrages en un lac étale) s'est creusé dans ce fracas rocheux, créant de part et d'autre deux falaises, dont l'une s'appelle la Baume et l'autre est occupée par une forteresse. La Baume est un bloc minéral en forme de mandorle sillonnée de crevasses. On dirait une vulve de pierre surgie de la terre, à la verticale, incroyablement sensuelle ! Le buisson de cette grande chatte, c'est le buis, le bois sacré ! Elle occupe la position yin de ce lieu fortement polarisé, tandis qu'en face, le pôle yang a été militarisé depuis des siècles pour surveiller ce pont stratégique.

Afin de soutenir la bonne entente entre le masculin et le féminin, les équilibrer sur ce lieu emblématique où ils se font face d'une manière si forte, nous performons un rituel de Gaya Touch d'échange de places. C'est assez simple, on élargit ses bras à l'horizontale, on invite la Baume à se poser sur une paume et la Citadelle sur l'autre, puis on les fait s'entrecroiser devant la poitrine et continuer dans le sens inverse, afin que les deux puissent ressentir ce que c'est d'être à la place de l'autre. Si on veut susciter un accord, rien de tel que de se mettre à la place de l'autre, n'est-ce pas ?

Mon ressenti de l'exercice est inattendu : d'abord, la Baume n'arrive pas à se hisser sur ma paume, tellement elle est enfoncée dans le sol, je dois aller la chercher en bas, tout en bas, sous l'autoroute qui passe dans le tunnel sous la falaise. Alors que ma Citadelle flotte tout là-haut à des hauteurs béantes, détachée de la terre et de ses servitudes (à l'image du masculin et du féminin en moi, et dans notre société). Je commence par un intense effort d'imagination pour mettre les deux au même niveau, face à face, comme une balance les bras tendus, avant de pouvoir les croiser et les faire s'interpénétrer devant mon cœur, puis les amener chacune du côté opposé. Une fois à la place de la forteresse, ma Baume est toute guillerette, elle soupire d'aise : « Ah ! Comme c'est léger ici. Il n'y a rien à faire ». Alors que la Citadelle est à la peine, enfoncée dans un trou. Après une ou deux répétitions de croisement dans l'espace du cœur, les choses se stabilisent, un équilibre s'installe et la réconciliation est dans l'air !

Suite à l'exercice, on échange sur nos ressentis. Chacun l'a vécu d'une manière différente. René, par exemple, a rencontré de fortes résistances, mais nous avons tous une joie profonde et de la gratitude pour ce travail, à la fois simple et efficace. Souvent j'ai des doutes, mais là, je suis intimement persuadée que nos rituels ont fonctionné.

Cela nous sera prouvé tout au long de la journée par de petites touches de synchronicité, comme des clins d'œil encourageants. Dès que l'on se met consciemment en lien avec notre Gaïa bien-aimée, c'est le bonheur.

Le soir, de retour au mas Daviot, très en phase, on tombe sur une photo du Pic d'Oise sur fond de coucher de soleil que l'artiste a prise ici, depuis son jardin : de part et d'autre du Pic pyramidal, sur le point d'équilibre, il a placé les mots ÉQUI et LIBRE comme les bras d'une balance. D'où on conclut que *l'équité* rend *libre*.

Cette trouvaille me met en joie comme si je pouvais y lire l'espoir d'un nouvel équilibre atteint à l'intérieur de moi et, par conséquent, dans mon couple avec Arno. Dans l'optique chamanique de *ce qui est dehors est comme ce qui est dedans*.

Le pardon

Le soir au dîner, notre discussion porte sur comment bâtir une communauté humaine horizontale, inclusive et juste. Saskia pose sur la table le sujet du pardon : comment oublier, se débarrasser de la rancune et lâcher le ressentiment pour faire la paix ? Sujet d'une gravité qui frappe comme un coup de tonnerre du ciel clair. Comme tout le monde, j'ai connu des mésaventures avec des proches dont le souvenir me provoque de l'irritation (mon premier mari, ma meilleure ennemie, mon cousin qui s'est rangé de son côté, mon voisin du dessus...). J'aimerais tant me libérer de ces vécus pénibles, pardonner et les laisser derrière. Repenser à tout cela d'une manière neutre et apaisée.

Pour René, le pardon est le fondement de toute communauté humaine, la base des relations sociales. Il donne une recette : si on n'y arrive pas, le travail de pardon peut passer par la nuit ; s'en remettre à son ange pour faire l'intermédiaire, l'envoyer à l'ange de la personne à qui il faut pardonner.

Nicky dit que pour pardonner, il faut commencer par reconnaître sa part de responsabilité dans la relation. Le sage perse Mani préconisait de vaincre le mal par la douceur (j'ai souvent essayé, avec un succès incertain!) Pour que l'on puisse voir le mal, il doit s'incarner. Certains êtres choisissent de venir s'incarner pour faire le mal, afin que les autres en fassent l'expérience. C'est un sacrifice de leur part. Cela expliquerait le rôle des prédateurs. L'expérience du mal est nécessaire pour acquérir le libre arbitre. Grand exemple, le Christ pardonne à Judas qui s'est sacrifié afin que sa mission sur Terre s'accomplisse.

C'est un sujet qui me turlupine, et pas depuis hier. Cela fait des années que je lui tourne autour, sans parvenir à me débarrasser de mes griefs. Ce n'est pas quelque chose que l'on peut faire artificiellement. Ce n'est pas une décision volontaire. Plutôt un processus psychique qui suit ses méandres et que l'on ne saurait accélérer par volition. Les trahisons passées ne m'attristent plus, ni ne m'énervent, mais elles ne sont pas oubliées, le souvenir n'est pas neutre… J'ai beau être d'accord avec le bon docteur Bach qui préconise dans sa *Guérison par les Fleurs* « que ceux-là mêmes qui nous persécutent ne suscitent en nous que des sentiments d'amour et de sympathie », ce n'est pas facile à mettre en œuvre.

Je connais aussi la loi de la projection : nos ennemis, nous les portons en nous, dans notre structure humaine composite. Et comme ils sont à l'intérieur, nous les reconnaissons par l'isomorphisme : je suis le miroir de l'autre et l'autre est mon miroir. Je reconnais rationnellement que c'est grâce aux épreuves infligées par ces « petits tyrans », comme dirait Castaneda, que je suis devenue la personne souveraine que je suis. Je l'admets, mais de là à en ressentir de la gratitude, il y a encore du chemin…

Le soir dans le lit, dans la soyeuse nuit de la Haute-Provence, une branche de pin odorant se balance devant ma fenêtre ouverte et les cigales s'en donnent à cœur joie comme pour me distraire de ce sujet lourd. Avant l'extinction des feux, je jette un dernier coup d'œil sur les réseaux sociaux. Tu parles! Quand c'est mûr, c'est mûr, et la vie se débrouille pour remettre sur le tapis vos préoccupations du moment. La réalité tout entière conspire pour vous enfoncer le nez dedans… Je tombe sur un long article qui analyse le triangle de Karpman: Persécuteur-Victime-Sauveur, et qui propose de le transcender à un niveau supérieur de dynamique *d'empowerment* où le trio se mue en Challenger-Créateur-Coach. D'après l'autrice, Lynne Forest, le triangle de base ne serait constitué que de *victimes* où chaque protagoniste jouerait tour à tour tous les rôles. La solution serait que chacun des trois dépasse son état: si la victime reconnaît sa part de responsabilité dans la création du triangle, elle devient « créatrice », du coup le persécuteur est vu comme un challenger et le sauveur, comme un coach. Ce texte me fait l'effet d'une bombe, enfin la clé à mes éternels cercles vicieux… La vie est inouïe quand elle se met en mouvement.

Rompue de fatigue par toutes ces émotions, je m'endors et, dans un rêve très vif, ce cousin à qui j'en veux de s'être détourné de moi au profit de cette ex-amie commune devenue harceleuse, surgit par-derrière et m'assène trois grosses tapes amicales dans le dos. À l'intérieur du rêve déjà *je sais* qu'il me fait des coups de *nagual*, ce procédé initiatique décrit par Castaneda pour changer de réalité !

Le lendemain matin, dès potron-minet, Patrice nous attend dans le salon orné de séries de losanges pour nous faire une conférence sur le pardon : le vrai pardon, c'est l'oubli ! Effacer le souvenir du mal pour libérer l'espace où vont pouvoir s'engouffrer les forces nouvelles, les forces d'amour qui remplacent le conflit et la destruction.

J'ai rencontré le mal dans mon rêve

Peu après mon retour de Haute-Provence, j'ai fait un cauchemar effroyable : ce sont les prémices d'une guerre, je dois fuir. Arno et Nino m'accompagnent, solidaires. Une bande de voyous nous rattrape, la jeune fille rousse aux yeux perçants susurre avec un air de défi sinistre : « Et vous n'imaginez pas comme le chat a miaulé ! » Le gars aux cheveux peroxydés façon Billy Idol, les yeux brillants de folie, ricane victorieusement. Je sais qu'ils ont torturé Flammy jusqu'à sa mort. Le cœur serré, je suis effondrée. Quand Arno et Nino me rejoignent, on pleure ensemble, dans une atmosphère d'oppression extrême.

Au réveil, je sais que j'ai rencontré *le mal*, et je sais *qu'il fait partie de moi.* Il ne vient pas du dehors. À mon stade d'évolution, je dois reconnaître que ces deux-là, le peroxydé et la rousse, sont des facettes de ma personne…

Bizarrement impressionnée, j'appelle Marie-A. pour avoir son avis de pro. Selon elle, le chat maltraité est mon côté indépendant, magique et guérisseur ; est torturé mon côté instinctuel, celui qu'avec mon petit air civilisé, doux et poli, je nie totalement. L'inconscient remonte des contenus instinctifs, non canalisés, la bande de jeunes est porteuse de forces sauvages et destructrices. La femme aux cheveux roux symbolise la sorcière, intégrée elle deviendra guérisseuse. Ces forces sont menaçantes, mais si elles apparaissent en rêve, c'est que la censure les a laissées passer, je peux donc les métaboliser. Si je peux regarder en face les *yeux de la folie*, c'est que je suis assez forte pour ne pas devenir folle. Conclusion : il n'y a rien à *faire* ! Ces forces, on ne peut que les accueillir ; le rêve m'informe que je suis capable d'intégrer le côté sauvage qui vit d'une manière autonome en chacun de nous.

Marie-A. relève que le rêve lui évoque ma tristesse inconsolable après la perte du jardin. C'était mon côté sauvage, la guérisseuse qui fait surgir la vie même là où il n'y avait que de la tôle nue. La copropriété du vieux yang hargneux, c'est encore moi ! Des parties de moi en conflit avec d'autres parties. Les voisins sont cette bande de voyous qui suppriment la vie. Tout cela est *ma* projection. Si je déménage maintenant, je rencontrerai la même situation ailleurs. Si rien ne bouge sur le plan immobilier, c'est que ça bloque en moi ! Le *Mal qui divise* entre le bon et le méchant est projeté vers l'extérieur, sur la figure du jeune blond, sur le vieux voisin, mais je l'ai dedans !

L'issue : me dégager du temps et de l'espace à l'intérieur et dans ma vie quotidienne pour accueillir la sauvage, observer *sans juger* mon mode opératoire habituel, apprivoiser mon petit chat libre, le laisser s'exprimer, aller seule dans la forêt, être imprévisible, crier, dessiner, écrire, sculpter. Cette colère, cette agressivité, cette férocité en moi, il faut l'approcher, la laisser monter : c'est la force de la déesse noire. Le rêve ouvre une porte : regarder avec amour l'hirsute, la brute, celle en nous que l'on rejette. Laisser exister y compris la rancune et la colère envers Arno à cause du jardin, l'accepter. La réprimer lui donnerait encore plus de force. Consentir à ça, et un mouvement se fera. Sans plomb, il n'y a pas d'or.

La Gorgone

Le week-end suivant, je suis seule à la maison ! C'est les vacances de la Toussaint, Nino est en colonie et Arno est allé voir son cousin en Corse. Déchargée de logistique familiale, j'ai le loisir de faire une recherche documentaire sur la femme sauvage. Je commence par la Gorgone Méduse, que certains identifient à la Grande déesse primordiale. Par la suite, elle a porté plein de noms : Artémis, Ishtar, Astarté, Inanna, Isis, etc. Quoi qu'il en soit, c'est l'une des premières victimes de la guerre que le patriarcat a livrée aux femmes fortes. Représentée en pied, l'iconographie la révèle en posture de guerrière en mouvement.

Quand il n'y a que la tête (tranchée par Persée puis récupérée par Athéna sur son égide), elle fait une grimace monstrueuse, les yeux exorbités, coiffée de serpents, la langue tirée entre les crocs de sanglier. Sur l'emblème de Sicilia Trinacria, elle a des ailes et des serpents à la fois, c'est la force de la terre fertile reliée au ciel. C'était à l'origine une belle jeune femme, dont s'est épris Poséidon le dieu de la mer, qui l'a violée. Mais comme l'outrage a eu lieu dans un temple dédié à Athéna, celle-ci pour la punir l'a transformée en monstre ! Quelle ignominie, quelle suprême injustice, châtier la victime au lieu de l'agresseur ?

Athéna, c'est la féminité tactique, technique et productive, donc policée, le pendant féminin de *homo faber*. La créativité yin qui coule de source et que l'on ne saurait contrôler a toujours fait peur. Ma lutte intérieure est entre Athéna, mon archétype attitré, et la Gorgone primordiale qui se fait jour et exige sa place ; Athéna porte sur sa poitrine l'égide – les serpents de Méduse – elle en a pris les attributs, mais cela ne suffit plus, elle est trop conforme, trop stratégique, et la sauvage en moi demande à être accueillie, elle aussi. Athéna est sortie toute armée de la tête (*sic !*) de Zeus, qui lui, à ses débuts, avait été représenté semblable à Artémis d'Éphèse, avec des seins et tout l'équipement féminin ! Quand bien même les civilisations patriarcales se démènent pour faire disparaître le féminin, il finit toujours par ressortir. Athéna est l'aspect diurne du féminin, tandis que la Gorgone est son contrepoint nocturne... Même si la déesse casquée s'est approprié sa chouette. Mais qui dit sombre, dit non manifesté, causal, incréé, source de tout le créé. Sur les vases de Grèce antique, on peut voir la Gorgone Méduse en position de danse guerrière, une posture aux bras et jambes déployées à angles droits, qui fait presque penser à la roue solaire, la Svastika. Cette idée de corps en mouvement se retrouve en réduction sur le triskèle de Sicile : les trois jambes qui dansent, c'est sûr qu'elle met quelque chose en action ! Et zou que ça roule ! Sur les mosaïques plus tardives, sa tête est au centre des figures géométriques de rayonnement, des triangles en forme de fleur de vie qui irradie. La Gorgone serait-elle le principe même de la vie ? Celle qui émet le filet, la grille, le réseau éthérique nécessaire pour que l'existence matérielle se manifeste ? La trame ? Force énorme, sauvage et monstrueusement puissante, où politesse et esprit civilisé ne sont pas encore de mise ?

Paradoxalement, son sang à sa mort a donné naissance à Pégase, le cheval ailé qui inspire les poètes. Cette déesse noire est donc liée aux arts, aux Muses, à la sagesse et au raffinement suprême.

Le sort de Méduse m'habite pendant plusieurs jours. Un soir, juste avant de sombrer dans le sommeil, je pleure sur cette malmenée qui est le socle du féminin, bien avant la culture. Une féminité pourvoyeuse de vie indomptée qui donne, sans compter et sans se préoccuper, une puissance qui est la fontaine de vie, celle qui tourne et arrose. Et que cela tourne et que cela virevolte ! Que cela bouillonne et puis déborde… Comme les cycles de la vie tournent, sans jamais s'arrêter. Évincée en faveur d'Athéna, la version atténuée d'une féminité acceptable par les hommes puisqu'elle ne les met pas en danger à agir comme eux, avec les armes, la méthode et la technique.

Pehta

La suivante sur la liste de mes « sauvages » est Pehta, cette vieille farouche rejetée de tous qui, dans les contes de Kekec, cueille les herbes de montagne et clame pouvoir guérir sa petite sœur de cécité. Cette femme que les villageois redoutent habite loin de la communauté humaine, dans une grotte, lieu de contact avec les forces chtoniennes s'il en est ! Elle y confectionne des remèdes et des onguents qu'elle garde dans de minuscules fioles, et quand j'étais petite, sa collection d'essences me fascinait ! Je revois encore la scène du film où apparaît son apothèque mystérieuse et j'ai dû actualiser cette admiration d'enfance dans mes petits flacons d'élixirs de Fleurs de Bach. Autre élément qui me revient maintenant, dans le dernier film de Kekec, un rouet de filage qui tourne dans l'antre alchimique de Pehta !

Un petit tour sur Internet m'apprend que cette figure de mythologie slave et germanique est très répandue ; appelée aussi Perchta, Berchta, Perhta-Baba ou Behtrababa (ou Berta en anglais), elle est considérée dans les régions alpines comme issue d'une ancienne déesse, assimilée parfois aux Dames blanches. Son nom, à l'instar de Brigitte la Celtique, signifierait la brillante, la lumineuse, l'éminente ! Jusqu'à tardivement, dans l'Europe christianisée, on lui laissait des offrandes de boisson et de nourriture pour obtenir richesse et abondance. Comme les Gorgones, Pehta est reliée à Artémis dans son rôle de gardienne de bêtes, puis s'occupe de faire pousser le blé et règne sur les âmes des enfants pas encore nés. Traits communs à toutes les déesses de la fertilité, et d'autres divinités anciennes tombées dans l'oubli ! Dans les descriptions, on lui connaît deux aspects, soit la belle jeune femme blanche comme neige, soit une vieille femme laide en haillons. Comme la Méduse ! Son masque de Carnaval est une face noire avec les cornes (comme Isis, qui porte la Lune entre ses cornes), chevelure et dents bien blanches, bouche et langue bien rouges, réunissant ainsi les trois couleurs de la Déesse ! Reliée au solstice d'hiver, elle apparait durant les douze Nuits saintes de Noël, entre le 24 décembre et le 6 janvier (pareille à Befana, cette mère Noël païenne qui se cache sous le prénom christianisé d'Épiphanie en Italie !). En cette période de l'année, Perchta surveille le filage et récompense les fileuses avec des fuseaux, ce qui la relie aux trois Parques, autre version de la triple Déesse. Les fuseaux étant des losanges en 3D, cet aspect nous rapproche des filets de vie. La 13e fée de la *Belle au bois dormant* elle aussi manie le rouet : la princesse s'endormira parce que piquée au fuseau. Le roi (le yang, le masculin) a beau interdire les fuseaux, mais qui filera la vie ? Ceux qui connaissent le conte des *Trois fileuses* de Grimm savent que le filage continuel provoque un pied déformé. Et justement, il existe des Pehta au pied en forme de patte d'oie ou patte de cygne. Ce pied est mentionné dans plusieurs langues, en allemand c'est *Berthe mit dem fuoze*, en latin *Berhta cum magno pede*. En France, on retrouve les traits de cette divinité païenne, souvent présentée comme très belle et en train de filer la laine, attribués à la légendaire mère de Charlemagne, surnommée Berthe au grand pied, et aussi, dans le Sud-Ouest, dans la légende de la reine Pédauque, une jeune femme affublée d'un pied d'oie (*pè d'auca* en occitan) et possédant une quenouille qui ne s'épuise jamais. De fil en aiguille, mes recherches m'amènent en Sicile (île chère à mon cœur car notre fils y a été conçu) où, selon les croyances locales, les fées étaient habillées de blanc, de rouge ou de noir (ces trois couleurs reviennent toujours) et leurs pieds étaient des pattes de chat, des sabots ou d'autres formes rondes. Tout cela nous conduit aux pieds d'oiseaux griffus des déesses-mères Ishtar et Inanna ! Dès que l'on creuse le filon des traditions populaires, on retombe encore et toujours sur les réminiscences de la Grande Déesse !

Quoi qu'il en soit, l'archétype de la Gorgone est encore si prégnant qu'à la manif de #NousToutes dénonçant les violences contre les femmes, une jeune manifestante s'est ornée les cheveux des serpents en caoutchouc.

V
Le bouquet final

« La magie est une forme de vie. Si l'on a fait de son mieux pour conduire son char et que l'on se rend compte qu'un autre, plus grand que soi, le conduit, alors se produit l'effet magique. On ne peut pas dire de quelle nature sera l'effet magique, car personne ne peut le savoir à l'avance, car magique est ce qui n'obéit à aucune loi, ce qui se produit en dehors de toute règle, pour ainsi dire par hasard. »

Jung, *Le Livre rouge*

Déblocage ?

Pour mon anniversaire, le viatique du jour du *Dialogues avec l'Ange* qui tombe dans ma boîte, habituellement très doué pour les synchronicités, se surpasse :

> La fin est le commencement.
> Les démons deviennent de nouveau des Anges.
> Écoutez bien ! Tout cela, tout ce qui a été annoncé,
> SE PASSE EN VOUS-MÊME,
> … EN VOUS-MÊME.

Cela vaut visiblement pour le déblocage de nos affaires d'habitation, pour lesquelles il est de plus en plus clair qu'une attitude intérieure déclenche les choses et détermine le cours des événements. Attitude qu'on ne saurait changer à force de volition. Au contraire, il est question plutôt de s'effacer pour faire un espace dans lequel le changement peut s'épanouir.

Pour preuve, cet incroyable parallélisme qui ne se dément pas concernant la vente de nos deux appartements, Krissy (à Paris) et moi (à Ljubljana) : cela fait des mois que c'est au point mort pour toutes les deux, avec des aléas divers et variés. Nos deux locataires, toutes deux cadres de banque, qui n'ont pas envie de s'en aller, nous ont fait toutes les deux des propositions de rachat biscornues, et hier, patatras, c'est Krissy qui a reçu une offre acceptable et aujourd'hui, c'est moi ! On s'empresse d'accepter toutes les deux ! Pour mon anniversaire !

Cerise sur le gâteau, mon adorable Arno m'a écrit un poème où il m'a appelée vestale. C'est important d'être nommée ! Je suis aux anges.

Quelques jours plus tard, dans le TGV vers Tours, où j'emporte les dessins de Marko Pogačnik pour une exposition, mon agent immobilier slovène m'écrit que l'acheteuse est prête à signer dans dix jours, le 22/11. Je note les maîtres chiffres de cette date, mis en exergue par les synchronicités de Guillemant et par Kryeon, qui les qualifie de fenêtre vers les ancêtres. En *même* temps, Arno me prévient que sa mère, Krissy, a pris date pour signer son appart ! Le parallèle continue.

Je me précipite et prends un billet d'avion… qui est la *dernière place* disponible. Quand je fais établir une procuration à ma sœur, en cas d'empêchement, la consule observe que mon passeport expire le lendemain… Un jour plus tard, je ne pouvais plus ni partir, ni vendre par procuration :.. Il était temps que ça se mette en mouvement ! Le suspense continue jusqu'au guichet d'enregistrement à Roissy, l'avion est surbooké et il n'y a pas de siège pour moi ! Je dois attendre l'embarquement pour qu'on m'en attribue un…

Le lendemain matin, à Ljubljana, une dernière visite de l'appartement où feu ma mère a vécu les dernières années de sa vie terrestre après son divorce d'avec mon père. Pour la remercier de ce beau cadeau qu'elle me fait, j'en profite pour faire une offrande de fumigation avec l'encens. L'agent, qui en a vu d'autres, ne dit rien, il en profite pour passer des coups de fil.

Or, quand le même homme impassible apprend dans la salle d'attente de la mairie (où nous sommes allés chercher un certificat) que je compte signer un contrat avec un passeport périmé (ou alors ma carte d'identité française, à quoi sert Schengen, pardi ?), il se lève comme sur un ressort, se propulse vers un guichet, m'envoie séance tenante faire une photo au sous-sol, et m'explique qu'en Slovénie, la carte d'identité s'obtient dans la journée, à condition de se rendre à Celje, ville où elles sont fabriquées. Il est 10 heures. Par bonheur, ma sœur n'a pas de programme, elle peut m'emmener. Allez !

Nous continuons à attendre en silence. L'agent doit se demander comment il a écopé d'un cas pareil, et quand c'est enfin notre tour, il prévient l'officière d'état civil du renouvellement de ma carte d'identité. Celle-ci consulte sa montre et s'exclame : « Nous avons cinq minutes, ils prennent les commandes du jour jusqu'à 11 heures ! » Il est onze heures moins cinq… Un ange veille sur cette transaction où tout se fait au dernier moment, « par la queue de la souris », comme dirait le Slovène.

À son époque, ma mère s'était elle aussi félicitée d'avoir attrapé le dernier rez-de-jardin de ce quartier qui avait surgi du sol de l'autre côté de l'étang, cet étang au bord duquel elle avait passé toute sa vie adulte. Ce qui lui avait permis de ne pas changer de voisinage et d'habiter près de l'eau et de la forêt, comme avant.

Bon, comme d'habitude, quand vous avez un plan B, le plan A marche et le notaire a accepté sans ciller ma carte d'identité française. Même la mairie nous a délivré un certificat de résidence sur la base d'un passeport périmé. Contente d'avoir pris la peine d'avoir encensé l'appart !

Cette vente, qui a traîné pendant des mois pour se conclure dans la panique et la précipitation, est intervenue le jour où Mercure a repris sa course en direct et à la pleine lune, phase des finalisations. En signant, j'apprends que mes acheteurs investissent pour louer, comme ceux de Krissy ! Le parallèle continue.

Cinq minutes après la signature, l'argent est viré sur mon compte, youpiii ! Désormais, si je trouve un lieu à Paris qui me plaît, je pourrai verser les arrhes sans dépendre de personne sur mon Harley-Davidson. Cela donne une sensation de puissance, c'est énorme, me voilà affranchie !

Le soir, avec Lana ma sœur, chez mon amie Neva sur le Karst, nous célébrons la chose au champagne dans de belles coupes en étain gravées. À un moment, le téléphone sonne, je me rends dans l'entrée pour éviter le bruit de la fête. C'est Arno qui m'informe que Krissy a également signé chez le notaire aujourd'hui !

Cerisier de Cayenne

Rentrée à la maison après une journée de travail harassante, j'enchaîne lessive, cours de yoga, dîner et rangement, fatiguée au point qu'une fois au lit, je n'ai même plus la force de lire. Du coup, j'essaie la nouvelle manière de méditer avec l'huile essentielle de cerisier de Cayenne, trente minutes avec la languette de carton imbibée, comme indiqué par Christelle, grande experte d'essences et de méditation olfactive. Cette fois-ci, mes perceptions s'envolent. Je m'identifie avec l'arbre, je sens les fibres de son bois, je pousse les branches, puis les oiseaux viennent picorer mes fruits : ça chatouille ! Ils avalent les noyaux et s'envolent et grâce à ça, un lien se crée : de longs fils invisibles tirés par les oiseaux dans les airs, puis les noyaux ressortis malaxés par leur digestion se posent sur la terre où ils germent ! Tout cela maintient un réseau d'une merveilleuse unité où rien n'est séparé. Un Univers harmonieux et relié.

Au petit matin, comme le papier parfumé de cerisier traîne près de mon oreiller, j'en reçois le doux effluve en pleines narines, ce qui suscite un rêve particulièrement vif: nous habitons une maison que je ne connais pas, spacieuse, moderne et à plusieurs niveaux. La maison possède un patio où pousse un arbre décoré de lumignons multicolores.

Musique des plantes

Les fêtes de fin d'année à peine terminées, les activités reprennent à l'Agora[37] (encore un lieu porteur de sens, œuvre d'un couple créateur, Philippe Brizon et Jacqueline Warnet). Ce soir, c'est la musique des plantes et qui je découvre dans l'assistance ? Gabrielle GG, ma fée de synchronicité ! Enveloppée par la musique sphérique qu'émettent les deux plantes en pot équipées d'électrodes et branchées sur un ampli, une fougère et un asparagus exactement comme celui qui pousse dans notre cuisine, des mélodies fractales, fluides, qui vont dans toutes les directions à la fois et dont les séquences sont entrecoupées de silences comme le chant des oiseaux, je me dis que c'est fou : pas plus tard qu'hier, j'ai repensé à cet appartement venelle des Charmes en face de chez elle. Mis en vente, mais trop cher pour nous à l'époque. Peut-être qu'après les ventes simultanées que Krissy et moi avons faites, serait-il à notre portée ? Seulement voilà, j'ai égaré les coordonnées de la dame et surtout, il doit être

37. https://www.agora.paris/

vendu à l'heure qu'il est ! Une année est passée depuis… Mais voilà Gabrielle et Jacques qui surgissent ce soir et m'apprennent que la maison *n'est pas vendue* ! On a encore une chance alors ? J'en suis toute retournée : cette synchronicité en soi exceptionnelle est renforcée dans ma quête végétale par la « musique des plantes ».

Samedi d'après, malgré un froid de canard, nous allons en promenade tous les trois, Arno, Nino et moi, pour voir ce 5, venelle des Charmes, ex-square des Jardinets (*sic !*). En chemin, sur la place Notre-Dame-du-Travail, les pavés dessinent au sol les cinq boucles du bouclier d'Arduinna. Arrivés dans l'impasse, nous constatons que le numéro 5 est une petite maison moderne, mais fortement habitée. À l'étage, un lit de bébé, et la terrasse en haut déborde de verdure en plein hiver. Impossible de sonner, la sonnette est en panne. On ne trouve pas de Lemerle dans l'annuaire pour appeler. On rentre bredouilles.

Une forteresse accueillante

Notre petit groupe de géaculteurs s'est engagé sur les traces des déesses au sud de la France. Aux Saintes-Maries-de-la-Mer d'abord, où ont accosté selon la légende les Maries : Madeleine, Salomé et Jacobée, accompagnées de Kali Sara, la préférée des Gitans, après avoir dérivé depuis Jérusalem dans une barque *sans voile et sans gouvernail.* Cela nous inspire d'aller *par où on ne sait pas*, de renoncer à sa volonté et accueillir ce qui vient. Sur la plage de sable, j'ai encore pris plein de photos de la trame de vie en losanges, le dessin que laisse derrière elle la mer qui se retire.

Après la nuit dans un féerique bosquet de cèdres aux pieds du massif de la Sainte-Baume (la baume, en provençal, c'est la grotte, mais on entend le baume de douceur et de consolation), nous montons vers le lieu où celle qui a oint le Christ, témoin de la Résurrection et victime de ragots machistes depuis deux mille ans, aurait passé le reste de sa vie en oraison et ravissements.

Saccagé par la pyrale, le buis séculaire a disparu de cette forêt vierge habitée par des présences naturelles. Il ne reste que des ifs – symbole de l'immortalité – tordus dans toutes sortes de formes suggestives. Une pluie battante traverse les coutures de nos pèlerines, nous mouille jusqu'à l'os et nous lave telles les larmes de Marie-Madeleine. Dans l'abri rocheux transformé en sanctuaire d'où surgit une source d'eau claire, en souvenir du soin que Marie-Madeleine sous forme de son tibia[38] m'avait prodigué il y a quelques années, il me vient l'idée d'allumer une neuvaine, la première de ma vie. Je formule un vœu : « me débarrasser de ce mur de résistances intérieures qui me barre la route ». Il m'est apparu, en rêve, ce mur, déjà percé, mais encore bien là, mes vieux mécanismes de défense… Ce n'est pas la haine, mais la peur qui est le contraire de l'amour ! La Première apôtre a vécu dans cette grotte comme une *sauvage*, si j'accepte le sauvage en moi, je n'aurai plus peur et je serai libre de tout aimer. Pendant neuf jours (jusqu'à dimanche prochain), ce gros cierge va brûler et m'aider à *libérer la voie* qui existe derrière ce vieux mur.

Quel souvenir, il y a quelques années, ce tibia gardé dans un reliquaire creusé dans le roc de la Baume ! J'ignorais tout de son existence, je ne me doutais pas que les restes posthumes des saints pouvaient avoir un pouvoir, j'étais simplement attirée vers ce coin du sanctuaire qui m'a alors transmis sa puissante énergie vibrante d'amour, dont la mémoire reste intacte jusqu'à ce jour au fond de mon cœur.

38. NB : Je connais l'ampleur du trafic des reliques au Moyen Âge, mais suis obligée de relater ici mon ressenti indubitable et fort.

Ainsi, en descendant à Saint-Maximin, je ne soupçonne pas la grande émotion qui s'emparera de moi dans la minuscule crypte abritant d'autres reliques de Marie-Madeleine. Son *chef* comme on dit ici, c'est-à-dire un petit crâne sombre. Mais alors, au lieu de susciter le recul, il émane de cette tête de mort une *douceur* indicible, à peine soutenable, *une qualité d'amour capable de vaincre le Mal.* Cette douceur suprême vous traverse, on a l'impression que toutes vos cellules ont été secouées et nettoyées, c'est le vrai pouvoir de l'amour, une puissance insoutenable qui vous fait comprendre comment il est possible de combattre le mal par le bien. Par cette douceur-là ! Le mal ne saurait être vaincu que par la douceur, jamais par le combat frontal, les arts martiaux nous l'enseignent aussi. Dans cette mini-crypte enveloppante comme un utérus, règne une atmosphère d'effervescence vivifiante, une suavité qui vous emporte, on resterait là des heures à se consoler des maux de la vie... Une visiteuse s'est d'ailleurs blottie dans l'escalier, la tête appuyée contre le mur, elle se laisse emplir par cette bonté captivante. Je me choisis une marche et fais comme elle, je m'ouvre à cet amour qui sature l'espace, si je n'étais pas venue avec mes camarades, je resterais dans ce ravissement des heures, jusqu'à la fermeture. Mes yeux inspectent ce crâne dans son reliquaire doré, les os sont tous noirs avec de minuscules dents, je ne sais pas comment dire, mais c'est comme s'il y *flottait encore un sourire*, après deux mille ans, il est quelque part presque sexy ; en tout cas, on peut le qualifier de mignon, et c'est pour la première fois que je vois la mort douce et miséricordieuse.

LE SOURIRE EST PONT AU-DESSUS DE L'ANCIEN ABÎME.
Entre l'animal et ce qui est au-delà de l'animal, –
un abîme profond.
Le sourire est le pont.
Pas le rictus, ni le rire. Le sourire.
Le rire est le contraire des pleurs.
Le sourire n'a pas de contraire.

Dialogues avec l'Ange

Au lendemain de cette divine douceur féminine, on va visiter le masculin harmonieux sur les îles de Lérins, deux baleines de terre dans la baie de Cannes. L'île de Saint-Honorat est une grande pinède transformée en abbaye cistercienne depuis la nuit des temps. Les moines souriants s'y adonnent à la prière, à la vigne et aux oliveraies, dans la joie et la bonne humeur, « avec un cœur simple qui ne savoure pas les tristesses ». Sur la façade sud de l'île, on est subjugués par l'architecture du monastère fortifié, élevé sur une pointe avancée vers le large. Une bâtisse aux allures de donjon proprement paradoxale : à la fois forteresse et accueillante, car destinée à secourir les naufragés ! La large tour est évidée de l'intérieur, ouverte entre Terre et Ciel ; au centre, il y a un puits entouré de colonnades, c'est le cloître du travail, au-dessus est le cloître de la prière, les étages évoluent autour du vide central, c'est un très bel endroit qui inspire l'équilibre entre *ora et labora*. Le tout couronné de terrasses à créneaux d'où s'étend une vue panoramique sur la Méditerranée et les Alpes. Ça circule, le lien entre le bas et le haut est ouvert, c'est un endroit qui à la fois accueille et protège, comme il sied au masculin positif. Bien que ce soit un bâtiment voué à la défense, un avant-poste ouvert sur la haute mer, la mission des moines était aussi d'aider les noyés. Puisse notre futur foyer servir de port d'attache aux inventeurs de la nouvelle vie!

Venelle des Charmes

De retour « dans la vraie vie », je repense à Gabrielle et Jacques, ce couple alchimique incroyablement intéressant. Rien qu'à les voir être mariés depuis plus de cinquante ans et avoir l'air de toujours aussi bien s'amuser ensemble, on a envie de les prendre pour modèle. Si bien que je propose à Arno de les inviter à dîner.

Je compose son numéro et quand elle décroche, elle s'écrie de surprise, elle a l'air totalement renversée de ce que ce soit *moi* qui appelle.

Pourquoi est-ce si incroyable ?

Eh bien, « figure-toi qu'à l'instant »… et la voilà qui me raconte qu'elle vient de sortir faire une course, qu'elle est tombée sur sa voisine d'en face, Mme Lemerle, qu'elle n'avait plus revue depuis des semaines et dont elle ne retrouvait plus le contact pour me le redonner. Elle lui redemande son numéro et quand elle veut m'appeler, elle ne se souvient plus de mon nom et ne sait plus comment me retrouver pour me joindre. *Et c'est là, à cet instant-là, que son mobile sonne et que mon nom s'affiche sur l'écran !*

Elle est émerveillée, persuadée qu'il y a *un truc* et qu'on doit venir habiter là.

– Mais ce n'est pas pour ça que je t'appelle, je m'insurge. C'est pour vous inviter à dîner. À part ça, la maison en face de chez vous est déjà habitée, lui dis-je, échaudée par notre visite de samedi. Les affaires de bébé et tout ?

– Ah oui, le haut avec la terrasse est vendu, mais pas le bas, il y a un appartement en rez-de-chaussée avec un patio.

Le samedi suivant, on fête l'anniversaire d'Arno et le dimanche en début d'après-midi, encore un peu brumeux, on se présente venelle des Charmes pour enfin visiter ce fameux appartement. C'est en fait un triplex : le salon et la cuisine sont au rez-de-chaussée, il y a deux petites chambres à l'étage et un mini-cabinet tout en haut sous les combles. Avec son patio au milieu des murs qui est comme un puits de lumière, la disposition des lieux me rappelle la tour-cloître de l'île de Lérins que j'ai trouvée si belle il y a une semaine. Ici aussi, les étages s'articulent autour d'un vide central qui fait le lien entre le haut et le bas, la Terre et le Ciel ! Et à la place de la fontaine, il y a un olivier ! Sur lequel on pourrait suspendre des lumignons multicolores comme dans ce rêve l'autre nuit ! C'est à la fois au milieu de la ville et bien isolé, un endroit protégé où j'aimerais vivre. Malgré le prix élevé et quelques autres détails.

Après coup, je me rendrai compte que cette visite est intervenue exactement *neuf jours* après ma *neuvaine* allumée chez Marie-Madeleine à la Baume !

Le lendemain, je me réveille en disposant nos meubles venelle des Charmes. J'envisage aussi d'installer des plantes grimpantes aux quatre coins du patio.

C'est comme si mon corps *savait* où il voulait habiter pour mieux s'ancrer dans la vie. L'appartement à trois niveaux me paraît symboliquement évoquer la trinité corps-âme-esprit. Une construction neuve en plus, vierge du passé et des énergies anciennes ! Repensant au cloître de l'île de Lérins, je me dis que mes mémoires de vestales et de nonnes me jouent un tour en m'attirant dans ce lieu.

Sauf qu'Arno trouve cet appartement résolument trop cher et loin de tout. Puis c'est un rez-de-chaussée quand lui et sa famille rêvent d'étages élevés… Bref, il n'est pas *du tout* partant. Son attitude lointaine fait resurgir mon vieux spectre de ne pas me sentir soutenue. Je replonge dans l'abattement.

En même temps, je me demande si cela ne vient pas de moi. Est-ce moi – enfin, mon inconscient – qui engendre ces situations de manque et de complication ? Serait-ce mon « trompeur intérieur » qui projette mes peurs et mon immobilisme sur mon mari ? De nouveau en pleine lecture de Jung (c'est dire si ça va mal, le psychologue suisse m'a toujours été une bouée de sauvetage), je suis sidérée par une note en bas de page dans *Dialectique du moi et de l'inconscient*. Le traducteur, Roland Cahen, lui-même psy, affirme que « nous savons aujourd'hui que dans la vie courante, réseau relationnel et réseau projectionnel ne sont pas séparables. » Ouah, il me faut relire cette phrase plusieurs fois pour comprendre sa portée abyssale et la description du monde qu'elle implique. *Nous savons aujourd'hui que dans la vie courante, réseau relationnel et réseau projectionnel ne sont pas séparables.* Cela signifie que nos proches nous servent d'écran de projection de tout ce que nous ne pouvons pas voir en nous ! De bon comme de mauvais ! Mes journées passent donc à me traquer, à tenter de démêler mes conflits intérieurs qui seraient fautifs de cette situation de blocage. Laquelle d'« entre nous », laquelle des facettes multiples de mon identité humaine hybride, serait contre l'idée d'habiter un bel endroit qui en plus ressemble à un cloître, où au moins mon côté pythie serait à l'abri ? La bacchante extatique et carnavalesque ? La sauvage ? Pourtant, la ménade n'est que la version rouge de la vestale ! Les deux sont les gardiennes du feu divin ! Si l'une est orgiaque échevelée et l'autre l'archétype drapé de blanc de la dignité diplomatique, il s'agit de parvenir à la réunification des contraires dans ma psyché pour leur laisser la place à toutes les deux de coexister. À ces questionnements, la vie offre une réponse immédiate : dans le métro, plongée dans ces pensées, je passe à cet instant-là devant une affiche de publicité qui clame : *I love every one of me !*

Si cette problématique récurrente, c'est moi qui l'engendre, s'il s'agit d'un schéma répétitif qui me fait toujours tomber dans le même ressenti, je peux demander conseil au Yi King. La question est de savoir quel est *mon* problème dans tout cela ? Car inutile d'agonir Arno, ce n'est que sur soi que l'on peut travailler. Et quand nos intentions sont claires, les choses roulent toutes seules, n'est-ce pas ? (Sauf quand notre « ancien futur » fait de la résistance, dirait Guillemant.) Le livre jaune est formel :

je tire le 25, *L'Innocence-L'Inattendu* ! La première réponse est là, inutile de me chercher les poux psychiques. Plus loin, les commentaires confirment : « *L'Inattendu* signifie le malheur qui arrive de dehors. *L'Innocence* se rend exempte des fautes, si bien qu'elle peut affronter le malheur qui n'est pas provoqué de l'intérieur. Lorsqu'un malheur survient de façon inattendue, il a une origine extérieure et par suite, se dissipe. »

S'ensuit une conversation ferme avec mon Arno et j'obtiens de faire venir un agent pour évaluer notre appartement actuel.

Sur ces entrefaites, je fais un rêve impressionnant : sur une plage avec une famille (un père indien et ses deux petits), un grand oiseau blanc avec un long bec orange arrive en vol piqué et transperce le sternum d'Arno ! La pointe du bec lui ressort par le dos ! Arno n'est pas affolé et n'a pas l'air d'avoir mal.

Selon Gabrielle, chez qui je me rends pour interpréter ce rêve, les deux enfants, ce sont mes parties en train de grandir et l'oiseau signale une démarche spirituelle qui est entrée dans son étape *volatile* (dans l'alchimie, après le un, le sel – le solide, le corps, puis le deux, le soufre – l'énergie, l'âme, vient le trois, le mercure – le volatil, *l'esprit*). La conscience en a peur, elle est dans l'expectative ! Arno est l'image de mon animus, le sternum protège le cœur : ce que je remonterai sera crucial, c'est un rêve annonciateur d'évolution. Le sternum est aussi le siège de la volonté et du pouvoir : contrôler et régenter au lieu de se laisser porter par le flux de la vie. Se le faire transpercer indique le devoir de lâcher prise qui n'équivaut pas à laisser tomber. Gabrielle ouvre sa paume vers le haut pour montrer comment garder un caillou sans serrer. Après coup, quand on monte prendre l'apéro avec Jacques, la psy se frappe le front, mais Mme *Lemerle* – c'est un oiseau avec un bec jaune ! C'est elle qui attaque Arno et qui le cloue. Cela lui fait prédire qu'à coup sûr, nous habiterons bientôt en face de chez elle !

De retour à Montparnasse, ça se confirme, le seul voisin que je rencontre désormais est le mec du troisième. Cette fois-ci, il porte une coque pour bébé. Ça se confirme aussi alors, Claude m'avait dit que sa femme était enceinte. Le bébé est né, la vie continue !

La bronchite

À la Chandeleur, alors que dans la nature, le renouveau s'annonce, me voilà au fond de mon lit avec grippe. Je tousse comme un éléphant et un matin, je m'effondre par terre en allant de la chambre à la cuisine. Effrayé, Nino propose d'appeler les pompiers. Peut-être pas, mais j'appelle quand même SOS Médecins (car ma généraliste : trois semaines d'attente). Le docteur qui arrive est un vieux Corse débonnaire, il s'appelle Orsini. La mère ourse a mis sa patte sur ma maladie. Il diagnostique une bronchite et me met sous antibiotiques. Comme je m'insurge, il me rabroue : « Madame, vous n'êtes pas bien fraîche là, si je ne vous donne pas ce traitement maintenant, vous risquez la pneumonie ! »

Un mois plus tard, la pandémie du coronavirus sera officiellement déclarée, les autorités et les médecins des plateaux prêcheront les trois D : doliprane, dodo, décès, on interdira l'azithromycine par la loi, la chloroquine (qu'on a prise à chaque voyage en Afrique) sera bannie et ses prescripteurs persécutés, et je me rendrai compte que l'homme m'a probablement sauvé la vie, ou en tout cas, évité de graves ennuis, qu'il soit ici remercié.

Chez Jacques Martel, la bronchite signifie « de la colère par rapport à des émotions refoulées, une situation étouffante. Je ne fais plus confiance aux autres. Il existe un trouble intérieur qui m'empêche de faire respecter mes droits. Je tente de communiquer avec mes proches mais la situation familiale est trop difficile. Je ressens alors un certain découragement et je cesse de lutter pour continuer mon chemin. »

Et comme la balance à l'intérieur des couples est une chose mystérieuse, juste quand je déclare la maladie de ceux qui n'ont pas leur place dans la vie, Arno revient tout heureux de sa réunion avec sa maison des disques. Il exulte, les producteurs l'ont complimenté, sa musique est exactement ce qu'ils cherchent, son disque solo sortira prochainement. « Je suis à ma place, se réjouit-il, dans ma vie, je suis à ma place, avec vous à la maison, professionnellement à la télé, dans ma musique, *je suis à ma place.* » Je l'écoute, sous les couvertures jusqu'aux yeux, je suis sincèrement heureuse pour lui, c'est formidable, mais j'aimerais bien un jour en dire autant pour moi.

Les visites d'appartements s'enchaînent, un duplex dans le XIIe près de la Seine, un rez-de-jardin rue de la Tombe-Issoire, tandis que je continue mentalement à meubler venelle des Charmes, à y dresser les plans de ma future bibliothèque… Mme Lemerle nous dira par la suite qu'elle nous a vus patienter rue de la Tombe-Issoire depuis sa Twingo et comme elle est dans l'esprit des coïncidences, ce hasard l'a convaincue que nous étions les bonnes personnes.

Krissy nous rejoint pour revisiter les Charmes. J'ai pris du Centaury le matin de peur qu'elle ne m'écrase avec son éventuel avis négatif. Mme Lemerle est prolixe, c'est elle qui a fait construire cette maison. Dans son flot de paroles, elle nous prévient qu'elle va aller voir l'agence immobilière du coin, soudain, elle semble vouloir expédier l'affaire. Le moment est venu de battre le fer tant qu'il est chaud.

Pendant qu'elle parle, j'observe le lieu. C'est un bon compromis entre mon besoin d'ancrage et le besoin des horizons d'Arno qui pourrait s'installer dans la petite pièce tout en haut, d'où on voit le coucher du soleil par-dessus les toits de ce quartier des ateliers. Dans cette baraque, on a les deux, il y a trois niveaux ! Cette femme, qui n'a mis aucun tableau sur les murs blancs immaculés, ni aucune autre déco dans ses espaces blancs-beiges, a posé une tiki féminine à côté de sa télé, des bougeoirs « soleil-lune-étoiles » sur une étagère et trois lutins nordiques à chapeaux pointus.

À mon grand soulagement, Krissy aime l'endroit, le trouve atypique, cette perspective avec le patio au milieu a beaucoup d'allure, c'est spacieux et moderne. Elle adoube mon choix. Nous allons dans un café rue de la Convention tous les trois pour déjeuner et discuter de comment on va s'y prendre. Puis Arno et moi rentrons en métro, où à peine assise, j'avise une affiche publicitaire qui clame de toutes ses couleurs :

À présent, je ne suis plus seule
à croire en mon projet !

L'ancien futur qui résiste

Malgré les hésitations d'Arno qui ne sait plus comment faire pour empêcher le mouvement, on finit par mettre en vente notre appartement et par lancer une offre à Mme Lemerle. On est sur les braises de savoir si le fruit de notre vente suffira à acheter.

Un beau jeudi, jour de Jupiter, planète de l'abondance, Krissy consulte son notaire qui la rassure quant au droit des parents à prêter aux enfants sans conditions. C'est top, on peut déménager Venelle des Charmes… À sauter sur les toits de joie, et malgré le battage médiatique sur le corona déconseillant de fréquenter les lieux publics, on va ce soir-là à l'Agora écouter la conférence donnée par Jacques (notre futur voisin) sur la technologie Keshe. Cet ingénieur iranien pense que la planète Terre possède une âme ! Et que le plasma est conscient ! Entre les deux champs de plasma polarisés fort et faible il y en a un troisième, représenté par le même dessin de lemniscate au centre gonflé que mon cosmogramme « d'incarnation » nommé *La Naissance du Troisième*. Et que j'ai retrouvé dans une version encore plus optimiste chez Michelangelo Pistoletto sous l'appellation du *Troisième paradis!* Dans notre monde gouverné par le dualisme du *Tertium non datur*, les trois dessins possèdent *le tiers inclus*!

Je note également que le couple Gabrielle et Jacques sont présents à chaque étape de nos avancées immobilières.

Une semaine plus tard, en revenant de chez l'orthoptiste, j'apprends que notre appart est vendu! *Mamma mia*! Nous voilà sans toit! *Illico presto*, on écrit un mail à Mme Lemerle pour lui faire part que ça y est, on a assez d'argent pour acheter son appartement. Puis dans mon impatience, je l'appelle et c'est la douche froide. Elle ne comprend pas qu'il faut décommander les visites que l'agence a organisées chez elle. Elle ne comprend pas ce que je lui dis. Que son appart est vendu! Au prix et sans crédit. « Vous avez bien travaillé », me dit-elle, bavarde comme à son habitude, « on va y arriver, mais vous comprenez, j'ai signé l'exclusivité avec l'agence du coin, mais sans publicité sur Internet, le photographe vient de partir, il a passé trois heures, je n'ai pas le cœur à les décommander… », et patati et patata, trente-sept minutes.

« J'attends votre coup de fil alors », je lui dis pour couper sa logorrhée. Je suis épuisée et je commence à comprendre que j'ai affaire à une idiote… ou alors à une folle… à moins que ce ne soit une sacrée manipulatrice…

Franchement désarçonnés, on appelle notre agence et la jeune employée, quand elle entend qu'il y a des agents qui font visiter notre futur appartement après notre offre au prix, gémit carrément : « Mais non, non, non, il faut empêcher ça, appelez mon boss, tout de suite ». Elle est paniquée comme si elle avait contracté ce dangereux virus qui roule en boucle sur les écrans.

Le soir, on va à un stage de Transmission vibratoire avec Pascal Lefèvre, lui aussi persuadé que le hasard n'existe pas. « Toute chose observée se trouve amplifiée, c'est quantique. » Pendant la conférence, tous les quarts d'heure, comme une amoureuse transie, je vérifie mes mails pour voir si Mme Lemerle a répondu. Rien.

Ainsi, c'est pour la deuxième fois qu'on se fera esca moter un appartement de rêve sous notre nez par des agents, et cette fois-ci, ce ne sera pas notre faute. Mais pour quelle raison ça nous arrive ?

Le lendemain, c'est un dimanche 8 mars, la Journée de la femme et une date anniversaire très chargée pour moi. Je me réveille aux aurores et continue à frire comme une brochette sur le gril de mon mental, torturée par cette incertitude. Je comprends le plaisir de la dame à faire visiter, photographier, se répandre en paroles comme elle adore. Cela lui apporte de la compagnie, avec l'assurance douillette d'avoir une cliente chaude sous la main.

Avant même le petit déjeuner, pour évacuer l'énervement par une action, j'entreprends de ranger le cabas plein de sacs plastiques qui déborde derrière le frigo. En vidant ce cabas, je trouve au fond une bague en forme… *d'oiseau* ! Préoccupée par une Lemerle… Quand on est obsédé par quelque chose, TOUT vous y ramène ! En plus, c'est un oiseau de proie, il illustre mon dilemme : montrer les dents et insister (au petit déjeuner, même Nino du haut de ses quatorze ans commente : « Nous sommes comme trois petites souris qui nous laissons voler les choses devant le nez, sans nous défendre. Et après, tu vas pleurer que l'autre mange ta confiture devant ton nez ! La vie, c'est parfois la guerre, il faut se battre », clame-t-il) ou laisser tomber, car trop d'ennuis ! Arno, dans son flegme habituel, est convaincu que je me ronge les sangs inutilement et qu'elle appellera vers 17 heures pour nous dire que c'est OK. Nous, on habite vraiment entre Saint-Placide et Saint-Sulpice, moi dans le supplice de l'impatience, et Arno, dans la plus parfaite placidité.

Sur les charbons ardents des doutes quant à l'attitude à adopter, j'appelle Alexandra, celle-là même qui avait prévu que le moment venu, l'on trouverait une maisonnette « au bord du bord », elle ne savait pas très bien de quoi, mais Charmes se trouve au bord des rails, et au bord du XVe arrondissement, et surtout, pas par annonce, mais en nous promenant ! Elle a bien vu, nous sommes tombés sur Gabrielle et Jacques *en nous promenant*. Dois-je insister ou pas, alors ? Je n'ai jamais eu les choses à l'arraché… Elle tire les tarots par téléphone et trouve que notre affaire est compliquée. Une bonne affaire se déroule toute seule, et si c'est tortueux, il vaut mieux se désister.

Suite à cette conversation, je renonce et me détache de la Venelle des Charmes. Je fais même une espèce de rejet. C'est bas de plafond, le salon n'est pas clair, les chambres sont minuscules, le chauffage est électrique…

Comme le renard de la fable, ah que ce raisin est acide.

La seule chose que je regrette dans cette affaire est son côté merveilleux, ce parcours semé de cailloux blancs, la rencontre improbable avec Gabrielle dans le cadre explicite de la synchronicité et, qui pas à pas, lentement mais sûrement, nous a mené en ce lieu. Lemerle elle-même s'est exclamée l'autre jour : « C'est à croire que la maison vous ait attendus ? Car figurez-vous qu'elle a déjà été signée deux fois ; une fois ça a loupé parce que les acheteurs n'ont pas obtenu de crédit ; et la deuxième, ils se sont désistés dans les dix jours de rétractation. » Si tout cela n'est rien, ou simple illusion due à l'inflation psychique, alors je suis vraiment perdue…

Arno est éberlué de mon retournement, toujours convaincu qu'elle va appeler à 17 heures.

Évidemment, elle n'appelle pas.

Pour ne plus y penser, on va au cinéma, voir un Pixar comme je les aime. *En avant* égrène tous les archétypes de l'enchantement qui manque à nos vies.

Le soir, je m'endors apaisée, pour la première fois de ma vie, je me dis sincèrement, du fond de mon cœur, que peu importe le but, ce qui est important, c'est le chemin pour y arriver. Et celui-ci est passionnant. Le résultat ? On n'y a pas prise.

Tout arrive

Lundi 9 mars, c'est l'anniversaire de la mort de mon père. C'est aussi une pleine lune très puissante et le jour où la course de Mercure se remet en direct, dans ma maison de la famille et du foyer. « Le 4 mars, Mercure a reculé en Verseau, votre front du foyer. Si ces derniers jours ont ressemblé à une succession d'incompréhensions, de faux départs et de revirements en tous genres, blâmez le messager des dieux », analysent les jumelles de l'Astrostyle dans leur livraison hebdomadaire.

J'ai eu beau m'être « détachée » la veille, les larmes me montent aux yeux en découvrant l'annonce des Charmes envoyée à ma boîte mail par les Meilleurs agents. Quel magnifique endroit, quand même !... Mais les agents, ça reste des agents. Ils ont promis à Lemerle de ne pas communiquer sur Internet, et lundi matin à la première heure, tout s'y étale dans toute sa splendeur. Des enfilades de photos, non seulement sur les sites des annonces, mais envoyées carrément aux clients ciblés...

Je le fais suivre à Arno, qui pour une fois ne l'entend pas de cette oreille. Il dit qu'il faut prévenir la vendeuse et que ce n'est pas à cause des prophéties d'une amie, fût-elle tarologue, qu'on va laisser tomber. Or moi, j'ai consulté Alexandra parce que je n'arrivais plus à savoir l'attitude à tenir. La réponse pour moi était yin, je ne bougerai plus le petit doigt. Ce qui n'oblige pas Arno, s'il est convaincu, qu'il fonce. Je lui passe le mobile de la dame et lui souhaite bon courage.

Résultat, Mme Lemerle, folle de rage de voir sa maison sur Internet, convoque Arno et son ex-mari chez notre agent rue Delambre, pour conclure un accord contresigné par les deux parties. Notre agent, un nobliau breton au sourire carnassier, lui dicte un mail adressé à son agent pour dénoncer le mandat d'exclusivité et à son notaire pour procéder à la vente. Ouf!

Arno, triomphal, m'envoie la photo de l'offre signée et je lui réponds par texto : *Tu es mon lion superbe et généreux!* C'est vrai, enfin je me sens aimée et protégée et rien que pour cela, même si l'affaire n'aboutit pas, ça valait la peine. J'exulte. Mon mec s'est réveillé. Nino est aux anges, ils jouent de la guitare tous les deux dans le salon et nous sommes heureux.

Avec le recul, le morceau, on l'a emporté ce jour-là. Certes, on était à la veille des confinements pour cause de Covid, s'ensuivirent quatre mois de formalités par procuration « non présentielles » (le nouveau mot à la mode). Mais c'est ce 9 mars que l'achat a été conclu. Pour l'anniversaire de la « naissance au ciel » de mon père. Viktor nous a visiblement donné un coup de pouce pour cette maison qui ressemble tant à celle qu'il avait fait construire pour nous à Ljubljana. À l'instar de Walter, le père d'Arno, qui nous avait aidés à trouver square Baty, dans le voisinage de sa « dernière demeure » au cimetière Montparnasse. Normal, ce sont les *paternels* qui s'occupent du *patri*moine !

Et comme Arno en bon saint Thomas doute de mes élucubrations abracadabrantes d'outre-tombe, je lui rappelle le souvenir de la « bataille » pour l'inscription de l'appartement de ma mère au cadastre slovène. Elle avait été gagnée cinq ans après sa disparition, et pas n'importe quel jour : le jour des Triangles rouges à l'UNESCO ! Un événement fleuve que j'avais organisé avec l'écrivain triestin Boris Pahor, grand témoin de la déportation, et les déportés politiques français qui ont survécu au camp nazi du Tunnel dans les Alpes slovènes. Journée que j'avais publiquement dédiée à la mémoire de mes deux grands-pères résistants, l'un déporté et l'autre fusillé, et à mes deux grands-mères qui les avaient soutenus. En plein cocktail qui avait suivi les projections et le colloque, j'avais reçu le message de mon amie la juge qui s'était occupée de l'affaire, clairement un clin d'œil souriant de mes ancêtres.

Comme disent les Anges :

> La Grâce n'est pas un don charitable.
> LA GRÂCE EST RÉALITÉ,
> ELLE N'EST PAS ARBITRAIRE.
> ELLE EST RÉPONSE,
> COURONNE QUE PORTE L'ACTE PUR.

Cette transaction a replacé nos relations à l'endroit. Arno a repris sa place d'homme yang et déterminé, il a coupé le nœud gordien de mes suppositions embrouillées et nous a sortis du marais émotionnel dans lequel je m'enfonçais. La situation est très positive, nous sommes tous les trois d'accord avec ce choix et personne n'y va en traînant des pieds. Quoi qu'il arrive, ce sera le résultat de la volonté collective de la famille et non pas le fruit de mes désirs exagérés. C'est une bonne chose pour notre couple, Arno a mis les choses à l'équerre et je me sens soutenue et rassurée. La réparation est dans l'air.

Le coco

Ainsi, nous nous retrouvons tous enfermés chacun chez soi. À Paris, c'est l'exode comme en l'an quarante! La dernière fois que je suis allée au bureau avant la fermeture générale, les rues étaient vides, vides au point que l'avenue de la Bourdonnais sur le passage piéton, c'est une famille de canards qui traverse en rang d'oignons. Le silence règne, l'activité humaine a cessé, suspendue dans les airs comme la gifle du cuisinier au-dessus du marmiton dans la *Belle au bois dormant*.

Face au désastre humain et écologique qu'engendre notre civilisation où tout est si complexe et inextricablement lié, j'ai toujours dit: « Si l'humanité pouvait s'arrêter, ne serait-ce qu'une demi-heure. Nous arrêter dans notre course après la survie, après le gain, après le succès, et nous asseoir tous, ne serait-ce qu'une demi-heure pour prendre le temps de réfléchir. » Ce corona a exaucé mon vœu. L'humanité a appuyé sur pause, c'est déjà un répit. Avant, on était lancés à cent à l'heure contre un mur. Tout le monde est inquiet, or là au moins, on ralentit.

Sur les réseaux sociaux, Philippe Guillemant s'amuse à élaborer des anagrammes : le coronavirus – *ouvrira enclos*, et en règle générale, la langue d'oiseaux devient de mise, face à la censure qui s'installe comme dans l'Union soviétique. Pour moi, ce virus est une réaction du système immunitaire de Gaïa : comme nous lui polluons l'atmosphère, elle nous envoie un virus qui nous empêche de respirer.

Cette assignation à résidence qu'on appelle le confinement me donne une nouvelle preuve du rapport entre les plantes et leurs humains : alors que le camélia fleurit normalement en février, et qu'en cet hiver très doux, les camélias du quartier sont déjà tous fanés, mon camélia rose accroché à la fenêtre de notre chambre, lui, a attendu le mois de mars et notre présence à la maison pour éclore. Deux mois de retard. Pour nous ?

Et quand les notaires auront signé par procuration l'achat de Venelle des Charmes, le *monstera* « conjugal » nous lancera une nouvelle feuille !

La chauve-souris est un grand symbole chamanique de retournement vers soi. Je songe à toutes les tempêtes intérieures que déclencheront les lock-downs partout sur la planète, l'introspection forcée chez des êtres qui n'en ont ni la pratique ni l'entraînement et me dis qu'encore une fois, la règle de correspondance entre l'extérieur et l'intérieur va s'appliquer. La voici : *Ce qui est dehors est comme ce qui est dedans, et ce qui est dedans est comme ce qui est dehors.* Elle est calquée sur l'adage de la *Table d'Émeraude : Ce qui est en bas est comme ce qui est en haut ; et ce qui est en haut est comme ce qui est en bas.* Si Hermès

Trismégiste vivait maintenant, il aurait fait le lien entre les orages, les ouragans et autres cyclones de la météo planétaire et encore entre les dépressions, les torrents de larmes et les glissements de terrain de nos météos intérieures.

Depuis que j'observe les synchronicités, cette règle entre le dedans et le dehors ne se dément pas. Au contraire, c'est une loi de plus en plus puissante. Le cousin Corentin est convaincu que c'est la clé du nouveau monde : comme nous sommes plusieurs à avoir mis à jour le mode de fonctionnement synchronistique, le vieux modèle, basé exclusivement sur la programmation rationaliste, est obsolète. Il ne marche plus, c'est automatique. Corentin a le mode d'emploi : C'est par la voie intérieure que les choses se débloquent.

Le mètre et le maître

Ma joie de bientôt déménager dans un bel endroit avec une cour rien que pour nous se mêle à l'inconfort : je me sens coupable d'acheter un appartement si cher pendant que d'autres n'ont rien… Pour déculpabiliser, je prends du Pine, et comme les Fleurs de Bach déclenchent des synchronicités, Gabrielle, ma très magique future voisine, poste une citation de Gandhi ; à la question *Qu'est-ce qu'essentiel ?* Gandhi répond : *Une maison !* Si même ce vieux juste, parangon de la frugalité ascétique, me donne son absolution… Évidemment, Gabrielle se manifeste, même de loin, puisqu'ils se sont confinés en Dordogne, la veille de notre seconde visite Venelle des Charmes !

Nous y allons pour prendre des mesures, et Arno aussi pour voir une dernière fois si ce rez-de-chaussée n'est pas trop sombre. L'endroit est superbe, clair, spacieux, nous sommes au mois de mai et la petite impasse est charmante. Surtout que pendant la pause du Covid, les trottoirs se sont ornés de grandes jardinières, débordant de vivaces fleuries ! Mme Lemerle évoque un « raz de marée floral ! » « Imaginez-vous, tout le monde s'y est mis. Et tout le monde est d'accord, même le ronchon du sept ! » Cette émulation florale me semble jubilatoire ! Venelle des Charmes, ex-impasse des Jardinets, la végétation sera visiblement moins honnie qu'au square Baty. Cela me semble symptomatique et je le prends pour moi. On dirait que j'engendre un champ de résonance de verdure dans les lieux que je fréquente (voir aussi les balcons de bureau), et là, mon archétype de fée végétale carbure si fort que les événements me précèdent ! Je suis euphorique. Enfin, l'impression d'être en route vers ma vraie place.

La seule chose qui me chiffonne, c'est le peu d'enthousiasme d'Arno : il se dit content de me voir heureuse, mais lui est plutôt préoccupé par des questions d'entretien. On tire le mètre dans tous les sens, je prends des photos et arrivés en haut, au cabinet sous les combles, *plus de mètre !* Impossible de remettre la main sur le mètre. On retourne tout dans cet appartement minimaliste aux murs blancs, à peine meublé, mais rien ! Disparition ! *Retrait,* dirait Didier van Cauwelaert. « C'est un lutin qui l'a escamoté », s'amuse à dire Mme Lemerle, qui a un ancêtre manouche.

Cette disparition du ruban mesureur est encore plus bizarre à la lumière de la citation de l'Ange le lendemain matin :

> Fais attention à la mesure !
> Car ce qui est plus, soit vers le haut,
> soit vers le bas,
> c'est s'écarter du chemin.

Pendant cette visite, coup de fil de Corentin, et c'est encore au sujet des synchronicités immobilières ! Nos tribulations qui ont provoqué une grave crise conjugale, mais qui recèlent en même temps un côté merveilleux, ont suscité dans la famille un travail d'analyse à propos de la recherche des lieux de vie. Corentin a entraîné sa tante Krissy dans ce qu'il définit comme l'*en-quête*, cette narration spéciale qui implique des mises en conscience du sens que portent à long terme les événements apparemment anodins. Le partage de cette « en-quête » permet d'élaborer la « démocratie du sensible », car révéler les synchronicités à l'œuvre dans nos vies donne le pouvoir à autrui d'en faire autant[39].

Krissy s'est admirablement prêtée au jeu et a écrit un texte si intéressant que je le reproduis ici *in extenso*.

> *Le texte des profondeurs*
> En juillet 1976, l'appartement que nous louons depuis vingt ans rue de Lille est vendu occupé. On nous le propose pour une somme que nous pouvons payer cash. Pensant que je pouvais l'obtenir pour moins cher, je fais une offre. Le vendeur n'est pas d'accord et les visites commencent, très humiliantes. Je tiens bon sur mon offre jusqu'au jour où l'appart est vendu au prix. Terrifiée, je m'aperçois de ma bêtise, mais il est trop tard. Commence alors la recherche d'appartement, Walter se foutant de la chose me laisse faire, et je me retrouve seule à galérer avec des prétentions au-delà de mes moyens. 1976, 1977, 1978, 1979, visites, visites, rien qui me plaît. Ces années, je les vis comme un cauche-

39. Cf. Christine Delory Momberger et Valentin Bardawil, *Le Pouvoir de l'Intime*, Arnaud Bizalion éditeur, 2020.

mar, une déprime rentrée, n'accusant que moi-même de ce désastre. À la mi-mai 1980, répondant à une annonce dans *Le Figaro*, je visite avec ma sœur un appartement rue Mazarine qui nous plaît tellement que je redemande une visite pour Walter. Je note que l'endroit ne m'est pas inconnu, loin de là : trente ans auparavant, en 1950, c'était l'hôtel du Grand Balcon. Étudiante, je logeais alors avec ma copine Janine dans l'hôtel d'en face, miteux et sans confort d'où nous lorgnions Le Grand Balcon, plus chic mais plus cher. Nous avions même fait plusieurs tentatives auprès de la gérante de l'hôtel, la « pin-up », pour qu'elle nous fasse, sur notre bonne mine, un prix d'ami. Bref, Walter vient visiter, il adore, mais pousse de hauts cris devant le prix. La mort dans l'âme, je me plie à ses raisons, mais j'ai le réflexe de garder la carte de l'agence.

Enfin, en novembre 1980, je décide d'être raisonnable et d'acheter un appartement rue Saint-Roch. Stylo à la main, au moment de signer chez le notaire, un huissier se présente. Le prix est contesté et la vente est arrêtée. Je nous revois avec notre banquier fêter cet échec bienvenu au vin blanc, dans le bistro du coin. Le lendemain, 10 heures du matin, Walter est dans la salle de bains. Je vais dans le secrétaire où j'avais déposé la carte de l'agence de la rue Mazarine et j'appelle. La même répond. Je demande si l'appartement rue Mazarine visité en mai est vendu. Elle tombe des nues, elle ne l'a plus, mais elle peut se renseigner. Oui, il est encore à vendre. Je lui dis tout à trac : « Voilà, j'achète cet appartement ». Elle me rappelle cinq minutes plus tard. Oui, c'est d'accord, le marchand de biens accepte ma proposition et rendez-vous est pris rapidement. Walter sort de la salle de bains et me demande : qu'est-ce que c'est que tous ces coups de téléphone ? Je lui annonce que nous sommes propriétaires de la rue Mazarine, je viens de l'acheter. Je passe sur ses hauts cris et les « où on va trouver l'argent ? » parce que cette fois, rien ne me fera céder. Même quand le même jour, le notaire de la rue Saint-Roch m'appelle pour me dire qu'en mettant un peu plus, nous pouvons signer *illico*. Je l'envoie se faire voir.

Restait comment payer Mazarine, avec nos épargnes pas du tout suffisantes. S'ensuit une collecte de fonds rocambolesque, entre récupération des sommes prêtées, vente d'un terrain en Corse et même assurance après cambriolage, qui me rembourse ma bague de fiançailles. Voilà, on peut acheter et après quelques travaux, on s'installe rue Mazarine le 10 mai 1981, jour de l'élection de Mitterrand.

À partir de ce jour, ma santé qui était plutôt patraque jusque-là devient inexplicablement florissante pour se maintenir jusqu'à aujourd'hui. Malheureusement, il n'en a pas été de même pour Walter atteint d'un cancer qui devait l'emporter un an plus tard, presque jour pour jour [*elle a perdu le maître de maison là où moi pour l'instant, je n'ai perdu que le mètre*].

Après, forcément, la vie continue. Souvent, de ma terrasse je regarde l'hôtel où j'ai vécu étudiante et qui est aujourd'hui un 4-*étoiles*.

Et puis un jour, bien des années après m'être installée rue Mazarine, je tombe sur une lettre de ma mère qui, en août 1951, est à Paris, et dans laquelle elle me dit s'être rendue à l'hôtel du Grand Balcon pour négocier une chambre pour Janine et moi en vue de notre rentrée en septembre. Et d'après cette lettre, la négociation paraissait en bonne voie puisque la pin-up lui avait fait visiter une « magnifique chambre au 4e étage présentement occupée », que la pin-up lui avait promise dès qu'elle serait libérée. Cette lettre, je la lis avec stupeur. Ce que j'apprends m'abasourdit. Quoi ? Cette « magnifique chambre au 4e étage » dans laquelle je dors aujourd'hui, c'est justement celle-là même que ma mère a visitée quarante ans auparavant ! Et j'y ai dormi tout ce temps comme si je continuais à l'occuper depuis le temps de mes études ! Du coup, je me sens deux fois chez moi rue Mazarine. Un peu de mes 20 ans cohabite avec ma vie d'aujourd'hui. Les forces de l'inconscient, ont-elles si puissamment agi sur un vieux rêve pour qu'il devienne une réalité ? Mais bon, à quoi sert de se poser des questions si on n'obtient pas de réponse ?

Le temps passe et avance malgré nous. Pendant des années, je loue tant bien que mal (plutôt mal) l'appartement à Montparnasse acheté en 73. Arno se marie, Sélène a une fille, et ainsi, sans crier gare, nous entrons dans le XXIe siècle où, dans sa deuxième décennie, tout va se bousculer et devenir comme un calque prémonitoire annoncé des années 80, du moins en ce qui concerne cette période particulière où les mêmes déceptions, rancœurs et difficultés financières vont se revivre presque à l'identique.

Ella et Arno visent l'appartement avec terrasse qui vient d'être libéré à l'étage au-dessus et qu'ils auront juste les moyens de payer. Mais à qui la faute ? Négligence ?

Agent incompétent ? Manque de prises de risques, bref, cet appartement leur échappe. Arno, sauf de compatir à la déception d'Ella, s'en accommode bien, mais Ella en fait une maladie (1976, Walter s'en fout et moi, je déprime).

Dès lors, commence pour eux (pour Ella) une recherche éperdue d'appartement, mais avec des moyens limités, Ella vise haut comme c'était mon cas en 1976. Je ne peux que compatir à sa douleur.

Je décide de vendre mon appartement de Montparnasse. Cette vente réserve une part à chacun de mes enfants. En même temps, Ella vend son appartement de Ljubljana, et étrangement, nous touchons chacune, et le même jour, le produit de nos tractations immobilières. Du coup, avec un rajout que j'arrive à donner à Arno, ça ne tardera pas. Aujourd'hui, elle a trouvé l'appartement de ses rêves et Arno est content, comme Walter le fut. Et la boucle est bouclée.

Parfois le destin nous fait des pieds de nez.

Voilà, j'ai fini de tracer cet épisode de ma vie. À la relecture, il me semble porteur de signes mystérieux.

Dans son récit, Krissy rend compte de deux choses fondamentales pour moi : primo, comment elle a planté jeune étudiante une graine dans son avenir, qui l'a guidée trente ans plus tard à se réaliser ? Un pur exemple de rétrocausalité selon Philippe Guillemant où notre bon futur joue le rôle d'attracteur, c'est-à-dire qu'il nous envoie des signes pour qu'on ne se laisse pas dévier. Deuxième chose, elle relève la répétition d'un schéma familial, le couple que je forme avec Arno reproduit à l'identique les mésaventures qu'elle a vécues avec Walter. On a beau ne pas avoir de lien de sang avec ses beaux-parents, en se mariant, on entre dans le champ morphique[40] d'une famille et on hérite de ses *patterns*. À l'instar de ces enfants que les couples adoptent afin de leur éviter une maladie congénitale, mais qui l'attrapent malgré tout…

Ce qui me rassure moins dans l'histoire de Krissy (et Corentin met immédiatement le doigt dessus), *c'est la mort du mari* un an après leur installation dans le nouveau lieu. Tandis qu'elle exauce son vœu de jeunesse et se porte comme un charme, Walter périclite et se laisse emporter par un cancer à la fleur de l'âge. Certes, sa maladie n'avait rien à voir avec leur déménagement. Krissy était passée par une période de dépression après la perte de son foyer familial. À l'époque où leurs enfants devenus adultes s'envolaient du nid, Krissy et Walter en étaient physiquement expulsés ! De son point de vue à lui, en homme d'honneur, il a installé sa femme dans un nouveau logis, puis a tiré sa révérence. Les tenants et les aboutissants de leur couple nous dépassent, mais prudence et réflexion, pas question pour moi de perdre Arno dans cette affaire, par mimétisme familial. Walter a été le maître de la maison, et moi aujourd'hui, j'ai perdu le mètre. Si je repense à mon rêve, où Arno s'est fait transpercer le cœur par un oiseau à bec orange et que notre vendeuse s'appelle Lemerle, ça me laisse songeuse.

Nous discutons de tout cela avec Arno et Corentin, bloqués chacun chez soi pour cause de coco, le téléphone

40. Cf. Rupert Sheldrake.

en mode haut-parleur sur le lit. Corentin et moi sommes médusés devant la terrifiante beauté de la vie, et Arno doute, comme toujours : « Vous faites feu de tout bois ! C'est de la surinterprétation ! Et même si ? Quelle différence ? Quelle utilité ? » Bref, mon Arno, il ne s'en laisse pas conter !

Corentin finit par s'énerver : du moment qu'Arno reconnaît LES FAITS puisqu'il les connaît comme avérés, qu'il arrête de dire qu'il n'y croit pas alors qu'il en bénéficie par mon biais, moi sa femme qui fonctionne comme ça consciemment, et par Kriss,y sa mère, qui vit selon la même loi en moins revendiquée. Lui, Arno, en profite : il m'a choisie, il m'aime, alors il n'a qu'à dire oui. Et pas un petit oui, un vrai, un grand OUI ! Je bois du petit-lait, car souvent, Arno agit sur moi comme un poids, ses doutes et sa passivité me découragent, et de savoir que cette attitude fait le même effet à Corentin me rassure. Comme dit le proverbe chinois :

Ceux qui pensent que c'est impossible
sont priés de ne pas déranger ceux qui font.

Là-dessus, Arno se souvient de son rêve : « Tu as été furieuse avec Nino et moi, ta colère montait de plus en plus, jusqu'à ce que je te prenne dans mes bras et que je te dise : "Je t'aime". Et là, à mon gros soulagement, ta colère est retombée comme un soufflé. »

Je suis enchantée, ce rêve est la conclusion thérapeutique de nos conversations avec Corentin. C'est aussi le tableau clinique de notre situation conjugale : j'ai été fâchée en me sentant abandonnée. À présent, depuis qu'il a repris les rênes et a joué son rôle d'homme, je me sens accompagnée : on repart pour un cycle sur de bonnes bases.

En-quête

Corentin rappelle, cette fois-ci dans la cuisine, le mobile sur la table à manger. Il détaille mieux comment le travail de *l'en-quête* amène à la démocratie du sensible. L'intime (qui n'est pas le « privé ») est politique. Bien d'accord, je suis convaincue que travailler en conscience sur un conflit intime, entre le masculin et le féminin, en soi ou dans son couple, est comme une mission de paix pour l'humanité ; en tissant l'harmonie en soi, dans son foyer, dans le voisinage, dans son quartier, en cercles concentriques, on pourrait résoudre jusqu'au conflit israélo-palestinien… Rien n'est plus politique que l'intime, c'était le sujet de mon livre sur la conception consciente d'un enfant. « Chaque être qui fait un retour sur soi débloque des forces puissantes, travaille avec, les implique dans la vie. » Ce processus conduit à la libération individuelle qui s'affranchit des schémas passés et cachés, ancestraux et inconscients. Faire le travail de conscience et du lien produit du sens et c'est cette production de sens qui tisse la communauté humaine ! Le partage de son propre vécu montre la voie aux autres qui peuvent l'emprunter à leur tour : c'est une transmission du pouvoir, *empowerment*, comme on dit maintenant.

Grâce à ce travail, l'on peut transcender jusqu'au capitalisme, Corentin en est convaincu. Classiquement, on considère qu'acheter un appartement est donné aux gens qui ont de l'argent/de la chance/des parents riches/ont gagné au loto/ et d'autres pas… De la lutte des classes basique. De l'autre côté, une recherche racontée comme Krissy narre sa suite de coïncidences de Mazarine ou moi ce festival de synchronicités qui nous mènent aux Charmes, ces histoires cessent d'être de simples affaires d'habitation pour devenir des implications dans les lieux de vie et des histoires de couples. Car *habiter n'est pas loger*. C'est un entrelacs de liens. C'est appartenir aux lieux autant qu'ils nous appartiennent. Partager la magie de leur avènement permettrait à d'autres de faire de même, dans le cadre de leur vie, de leurs désirs et de leurs moyens.

On pourrait en douter, englués comme nous sommes dans nos déterminismes sociaux. Mais si je me souviens comment j'ai emporté l'appartement de la rue Guénégaud alors qu'il y avait quarante-deux prétendants qui voulaient le louer et que je n'ai certes pas été la plus argentée, juste la plus fortement attirée par mon meilleur futur (celui qui impliquait Arno !), alors tout est possible pour tout le monde, il faut juste s'y mettre. Comme disent les Anges :

Ou comment faire surgir la magie au quotidien

> [...] si vous vivez la Vie
> au lieu d'imaginer que vous la vivez,
> tout devient possible, tout est possible !

Et ce n'est pas parce que la pub d'Adidas dit la même chose que c'est faux !

Le critère géographique

L'importance d'habiter un endroit et pas un autre m'est apparue sous une nouvelle lumière bien des années après avoir quitté la rue Guénégaud. Étudier les structures causales invisibles qui sous-tendent nos destins nous expose parfois à de surprenantes découvertes. Nous vivions ensemble depuis longtemps avec Arno (nous étions déjà parents d'un petit Nino), quand il nous a été révélé sur quelle base j'avais été choisie. En préparant l'interview avec Emmanuel Todd (ce Newton des sciences sociales qui a prouvé par une abondante œuvre que les anciennes structures familiales définissent le système politique qui prévaudra dans une société donnée), j'ai été effarée de constater que la règle de la *famille souche à ultimogéniture* était toujours valable dans ma famille slovène. Intégrée au point où nul ne s'en rend plus compte, inconsciente, mais agissante. Dans le type de famille souche qui est inégalitaire, un seul enfant reprend la ferme familiale, tandis que les autres partent se trouver un métier. Et comme par hasard, dans les *deux* familles de mes parents, ce sont les cadets qui ont hérité des maisons des grands-parents ! Cette règle de l'ultimogéniture doit être si profondément ancrée dans les gènes de mes Slovènes que ma mère (dont j'ai pourtant été la fille préférée !) a envisagé de léguer son appartement à ma nièce, fille de sa fille cadette, en m'effaçant de la lignée des héritiers, parce que j'étais partie vivre à l'étranger. Comme quoi, il ne faut jamais rien prendre personnellement !

La bonne tenue des théories de Todd vérifiée sur le cas concret de ma famille parentale, je me penche sur ma belle-famille. Par sa mère, Arno est corse, où les structures familiales sont de type *communautaire égalitaire*. Cela donne une grande solidarité horizontale entre frères-sœurs-cousins, élargie à un fort sentiment d'appartenance au village. Quittant leur milieu pour habiter dans les métropoles, les Corses reproduisent ce modèle en s'installant à proximité, recréant ainsi leur village. Bingo, encore une fois ! Pour preuve : au moment de notre rencontre, *tous* les membres de la famille d'Arno habitaient à Saint-Germain ! Sa mère rue Mazarine, sa sœur et son cousin germain dans le même immeuble (*sic* !) rue de l'Abbaye et son oncle et sa tante rue Mabillon, avec leur restaurant au coin du Marché Saint-Germain. Autant dire qu'une distance aérienne d'à peine cent mètres les séparait.

C'est grâce aux lumières de Todd qui donnent un coup de phare sur ce fond anthropologique invisible, mais ô combien prégnant, que j'ai compris l'ahurissement absolu de mon cher Arno en cette mémorable soirée où il m'avait raccompagnée chez moi pour la première fois.

On venait de dîner chez Rose, notre amie commune, et déjà en quittant les quais pour bifurquer vers la rue Guénégaud, j'ai senti une légère agitation s'emparer de lui. Quand j'ai fait arrêter sa voiture en bas de chez moi, il m'a demandé, les yeux écarquillés : « C'est là que tu habites ? C'est *vraiment là* que tu habites ? » Déjà, il m'avait laissé comprendre que je lui plaisais, mais là, il a posé sur moi un regard neuf, comme si j'étais une photo qui sortait du bain révélateur. Bien sûr, j'étais installée en plein cœur de son « village familial invisible ». Plus près que sa mère du parking où elle garait sa voiture ! Du fait de mon « positionnement géographique » je devenais une figure féminine épousable, une membre de famille potentielle…

Le voisinage, clap de fin

La fin de notre séjour square Baty a été marquée par une série de petites agressions de voisinage qui illustrent bien la règle des fins de cycles selon Satprem : « Elle craque déjà, cette prison. La fin d'un stade de l'évolution est généralement marquée par une recrudescence de ce qui doit en sortir. » Après que le cordonnier a karcherisé mes plantes de la fenêtre sur rue et que la rombière revêche du 7e a fait jeter mon vélo dans la cour sous prétexte qu'il bloquait le sien – une épave dégonflée couverte d'une épaisse couche de poussière qui n'a plus quitté le local depuis des décennies –, c'est à Mme Meszaros de me signifier qu'il est urgent de plier bagage. Mon amie Amélie passe par là, on bavarde cinq minutes au soleil devant la grille du jardin (toujours fermé pour cause de Covid). Quand je lui explique qu'on bouge d'ici pour fuir le voisinage toxique, comme pour confirmer mes paroles, la Meszaros surgit sur le trottoir d'en face, arborant une mine de porte de prison, occupée comme d'habitude à maugréer entre ses dents. Quand elle m'aperçoit, elle tire une franche grimace, avant de taper le code. « Dis donc, ils sont sympas ici », relève Amélie, les sourcils levés. À travers la porte vitrée, on voit la voisine se diriger vers les boîtes à lettres, puis tourner la tête vers nous, et, juste avant de disparaître dans l'ascenseur, faire un geste comme si elle se mettait le doigt dans le derrière. Très distingué ! J'éclate de rire : quelle vulgarité. J'ai déjà vu un doigt d'honneur, mais alors ça, jamais ! Ma pauvre Amélie si bien élevée écarquille les paupières, croyant d'abord à un geste non contrôlé de Parkinson…

Quant à son mari, le horticide, une coïncidence énorme est à relever : bien après avoir quitté le square Baty, nous apprendrons que Guy Meszaros, ce zombie au teint blafard reclus chez lui depuis des années, est mort quand nous étions encore là. Il est parti le 8 mai, jour de la Victoire, mais comme par hasard aussi jour de l'expiration de nos délais légaux de désistement. À cette date, notre appartement était *de fait* vendu : l'acheteuse ne pouvait plus faire marche arrière ; et nous non plus pour Charmes. Symboliquement, c'était le point de non-retour. Et Meszaros a choisi *ce jour-là* pour changer de dimension. Sa mission était accomplie et sans moi pour être en colère, sa vie n'avait plus de saveur. Comme quoi, la haine lie autant que l'amour.

Le père et le patrimoine

C'est le solstice d'été, j'appelle Maën[41] en l'honneur du dolmen de la Pierre Sabot près de chez lui, en Mayenne. J'aimerais être présente en pensée s'il s'y rend pour la célébration annuelle. Il se dit démoralisé car il devient oublieux. Je l'encourage quand même à aller honorer les « petites gens » du dolmen lors de la nuit la plus ensorcelante de l'année. C'est sa tâche, celle que nul autre que lui ne fera à sa place.

Ensuite, j'envoie mon rapport de l'atelier télépathique du solstice[42], une expérience mémorable où, alors que j'étais assise en tailleur sur mon lit, je me suis retrouvée projetée dans la nébuleuse d'Orion. Après coup, j'ai découvert sur Internet l'image de cette *nébula*: un

41. Ami et auteur de *Rencontre avec des êtres d'un autre monde*, Les impliqués, 2014.
42. Confinée partout au monde, la communauté LifeNet fondée par Marko Pogačnik, sans pouvoir voyager, a opté pour les ateliers télépathiques ; on est au rendez-vous chacun chez soi pour suivre un programme de visualisations reçu d'avance, bénéficiant ainsi malgré la distance de la synergie de groupe.

gigantesque cœur rouge ! Sentiment d'avoir accompli ma tâche de géacultrice, ma vraie tâche, celle que nul autre que moi ne ferait à ma place.

Là-dessus (retour sur Terre), je m'énerve que la notaire ne nous ait toujours pas donné de date pour signer Charmes. On s'impatiente, les déménageurs sont pris d'assaut après des mois de pause forcée…

Désœuvrés, on sort faire un tour avec Arno, de nouveau main dans la main, et comme il fait chaud, on se retrouve au cimetière, sous les arbres. Du coup, on enlève nos chaussures pour pratiquer le *earthing*. En plein picotement plantaire, j'entends le bruit cristallin de maillet qui frappe le marbre, toc, toc, toc. L'artisan est là, à quelques rangées, et je sursaute : « Allons-y. On lui demandera de redorer le nom de ton père sur sa pierre tombale. » Cela m'enlèverait une épine du pied avant de quitter le quartier. En plus, dans trois semaines, ce sera le centième anniversaire de sa naissance !

Le graveur est souriant, il s'illumine en nous voyant marcher pieds nus, c'est la vie, dit-il en nous offrant un brin de menthe sauvage délicieusement parfumée, à mettre sur les fraises ce soir ! Puis il nous suit jusqu'à la tombe beau-paternelle pour nous faire un devis. Il compte les lettres et Arno lui avance la somme. Il le fera vendredi et nous enverra la photo. Tope là ! ils échangent leurs numéros, puis on se quitte.

De nouveau sur le boulevard, en longeant le mur envahi de lierre séculaire, j'avoue à Arno ma profonde conviction que Walter, son père (que je n'avais pas connu vivant), nous avait donné un coup de pouce à l'époque pour nous installer square Baty où nous avons été heureux, où notre fils est né et que nous avons vendu si avantageusement maintenant. Je suis vraiment contente d'avoir arrangé la dorure de son nom : je lui devais au moins ça, avant de partir d'ici. Dans la foulée, je n'ose pas ajouter que je compte sur son soutien pour nous avancer la signature tant attendue, ce n'était pas prémédité, mais quand même…

Arno écoute le récit de mes transactions avec l'au-delà et fait la moue :

– Pas de commentaires.

– Comment ça ?

– En fait, je ne sais pas si je dois m'inquiéter pour toi ?

Une bière sur les terrasses d'Edgar-Quinet plus tard, on remonte chez nous et dès l'entrée, le téléphone sonne. Notre acheteuse nous appelle tout excitée, la notaire vient de lui donner la date. Je saute de joie comme un pois sauteur !

Je consulte mon mobile (resté à la maison) pour voir si elle a essayé de nous joindre nous aussi.

Oui, son appel manqué est à 17 h 41.

Je demande à Arno de vérifier à quelle heure le graveur de pierres lui a passé son appel.

À 17 h 41 également !

Et bim ! À peine l'affaire de re-dorure conclue, Walter nous a envoyé depuis *l'au-delà créateur* le rendez-vous de la signature !

Je suis tellement abasourdie par cette concordance que je reste à plat dos sur le lit les bras en croix, en ressentant presque physiquement la fabuleuse complexité de la vie, son horlogerie précise et ses mathématiques invisibles.

À la réflexion, ce message de « 17 h 41 » n'était pas pour moi. C'était un cadeau de Walter à son fils, le saint Thomas rétif au côté merveilleux de la vie. Lui apporter une preuve irréfutable que les échanges concrets avec l'invisible sont possibles et nécessaires et qu'il n'y a pas lieu d'en douter. Si je n'avais pas oublié mon mobile à la maison, l'appel de la notaire aurait sonné au cimetière, à l'instant où le graveur passait un appel à Arno pour sauvegarder son numéro. Auquel cas, je n'aurais pas eu l'occasion de lui dévoiler mes complicités d'outre-tombe avec feu son père en marchant le long du mur.

Trois semaines plus tard, nous fêtons en famille la mémoire de Walter pour les cent ans de sa naissance au restaurant. À la fin du repas, l'addition s'élève à… 333 euros. A-t-il réussi à signaler sa présence subtile parmi nous de cette manière? « Le nombre 333 vous dit que vos aides sont près de vous. Ils répondent à vos prières et vous assistent dans vos objectifs de vie ainsi que votre mission d'âme. »[43]

43. http://sacredscribesangelnumbers.blogspot.com/

Othel à l'endroit

La date de déménagement enfin calée, les deux mille livres de notre bibliothèque rangés dans les cartons, on est libres d'aller en Corse. Le soir, sur la terrasse, je me blottis contre mon Arno et je soupire d'aise. Par rapport à nos deux derniers séjours ici, notre situation est excellente.

Une fin d'après-midi, à l'heure d'un dernier plouf avec Nino et Una dans la lumière mordorée du soleil rasant, je trouve parmi les galets de la Crique un tesson de terre cuite sur lequel est gravée… la rune Othel ! Posée à l'endroit ! Même les galets sont étonnés. Suis-je arrivée en bout de course, avec les Charmes ? Depuis Arduinna ?

Le lendemain, à l'abordage du rocher du genévrier, un scarabée vert doré s'emmêle dans mes cheveux pleins de sel. Vu ma réaction enflammée face à ce coléoptère somme toute ordinaire, me voici obligée d'expliquer le rôle clé du scarabée dans la théorie de la synchronicité de Jung et Pauli. Est-il venu dans mes cheveux pour cela ?

Les deux signes, la rune et le scarabée, m'apparaissent comme des cachets en bas d'un courrier officiel qui me confirmerait la règle de l'identité profonde entre le subjectif et l'objectif, entre le dedans et le dehors. Ou selon la très ancienne sagesse védique : *Tat tvam asi*[44].

44. Tu es cela.

À bon port

Au retour des vacances, notre *monstera* « marital » nous salue avec une nouvelle feuille fraîchement déployée !

La veille du déménagement, je descends prendre congé des tilleuls et des houx du square et je constate que « mon » petit houx à faune porte ses premières baies rouges. Les choses sont arrivées à maturité.

À l'aube du grand jour, en ouvrant les volets alors qu'il fait encore gris, Arno m'appelle de toute urgence à la fenêtre pour me montrer quelque chose dans le ciel. C'est un nuage en forme de paume, quatre doigts et un pouce. Même mon homme qui résiste à la magie de la vie y voit la main de Dieu, subjugué.

Le jour de notre déménagement coïncide avec un événement cosmique : le lever héliaque de Sirius, l'étoile la plus brillante de notre ciel. En Égypte pharaonique, Sirius, consacrée à la déesse Isis, réapparaissant à l'horizon, donnait le départ des crues du Nil, symbole de fertilité et d'abondance.

Au soir de la journée la plus speedée de la décennie – deux signatures de contrat, un chargement et un déchargement de camion – je suis accroupie au pied de l'olivier dans notre nouveau chez-nous, planant de bonheur, quand un texto tombe. Ma très magique nouvelle voisine d'en face, celle qui nous a accompagnés pas à pas vers ce nouveau logis, nous invite à dîner ! C'est insensé, ils sont en Dordogne ? Par le hasard le plus improbable (un enterrement...), elle doit passer en coup de vent à Paris. Le jour de notre arrivée, nous sommes donc invités à un dîner impromptu chez la plus ancienne habitante de la venelle. Autant dire que je me sens accueillie comme une reine !

Gabrielle est une conteuse très drôle, elle nous raconte les histoires de l'impasse, les cerisiers, les ateliers, l'imprimerie qui nous a précédés sur la parcelle... Dans le lot, on apprend que notre voisin du dessus est... *jardinier !* Paysagiste au Jardin du Luxembourg ! C'est à peine croyable, passer d'un voisin horticide à un voisin horticulteur ! Je l'ai bien transmuté, mon Meszaros intérieur. De chez Gabrielle, on voit sa terrasse, une jungle en tous points semblable à feu mon jardin sur le toit ! J'ai vraiment le sentiment d'arriver à bon port.

Le lendemain matin, en rangeant la vaisselle dans notre nouvelle cuisine, je sifflote en écoutant la musique en aléatoire : on m'envoie *Spet doma* que je chante à tue-tête avec Vlado Kreslin tandis que la pochette du disque est prise en capture d'écran sans que je n'y sois pour rien. *Spet doma*, de nouveau chez moi ! L'exactitude du reflet que me renvoie l'Univers est mathématique !

Puis je me mets au jardinage. Mes « réfugiées » ont trouvé leur place au soleil sur la rambarde plein sud de la passerelle. Le chèvrefeuille étique, le camélia jauni par la chlorose et l'hortensia enfin en pleine terre, comme je le leur promettais depuis si longtemps. Le pied ! J'ai l'impression que le chèvrefeuille s'ébroue d'aise à sentir la terre lourde et humide sous ses racines. Comme moi. Je circule, et je n'en reviens pas de tant d'espace et de beauté. J'ai des bouffées de bonheur. De la chambre, on voit qu'un potiron s'est planté tout seul dans le carré de terre dans le coin du patio ; il déploie ses feuilles en forme de grands cœurs ! Comme si la maison nous souhaitait la bienvenue en langage végétal !

Cet appartement est parfait, à l'usage, on constate que la cour fait le lien entre nous : depuis le salon, je peux voir Arno assis dans son donjon et Nino traverser la passerelle. À la méditerranéenne, on peut se héler d'une fenêtre à l'autre, du haut en bas, c'est très joyeux ! Même Arno qui n'aime pas le changement a concédé que ce cloître est un vrai cocon.

Toute cette beauté doit être partagée, on fera des fêtes dès qu'on pourra (en ce moment, le monde a si peur de la contagion que personne ne viendrait). Ou alors des réunions, par exemple, pour faire connaître les Fleurs de Bach ou la monnaie libre. J'en suis là de mes réflexions quand Marko m'informe que le premier cercle de géoponcture sur le sol français sera élevé dans la propriété d'un couple suisso-indien qui est déjà dans le Nouveau monde.

Il m'envoie le manifeste de leur mouvement *Home for humanity*, rédigé par Rama et Alexander et j'hallucine. Le foyer y est décrit comme :

– le sanctuaire intégral ;
– le paradis de la guérison ;
– l'étape revitalisante ;
– le laboratoire d'apprentissage vivant ;
– la rampe de lancement catalytique ;
– la plaque tournante du renouveau sociétal ;
– la pépinière de transformation intégrale.

Je n'aurais pas pu le formuler d'une manière si claire, précise et lumineuse, mais c'est exactement ce que j'ai l'intention de faire de notre nouveau chez-nous.

Le cosmogramme de la géaculture

Les saisons passent. Nous prenons nos marques, Nino a fait sa rentrée dans son nouveau collège, les cartons de déménagement sont vidés, le *monstera* conjugal continue à lancer de nouvelles feuilles, le rythme de croisière s'installe, quand un beau jour, notre artisan polonais prévient qu'il pourra passer fixer le cosmogramme de géaculture sur le mur du patio le lundi suivant.

En le notant dans l'agenda, je constate avec incrédulité éblouie que, sans aucune préméditation, cette plaque de marbre magnifique, une œuvre d'art qui diffuse le message de coopération harmonieuse adressé à toutes les consciences de Gaïa autres qu'humaines autour de nous, ce dessin créé par Marko Pogačnik, et gravée par sa femme Marika, oui, cette plaque « portail interdimensionnel » sera glorieusement accrochée dans notre patio le jour du solstice d'hiver ! Le jour où la lumière resurgit ! Et pas n'importe quel solstice, ce sera le solstice d'hiver le plus historique qui nous sera donné à vivre, coïncidant avec la Grande conjonction exacte entre Jupiter et Saturne, à 0 degré du Verseau. Le portail vers le Monde nouveau !

Quand nous laissons faire et que nous ne nous mêlons pas de tout régenter, contrôler, prévoir et programmer, l'Univers s'occupe de tout mettre à la bonne place à la bonne heure. Bonne heure – bonheur.

Épilogue
Éloge du couple

Après ce qui précède, des pages et des pages de jérémiades sur la séparation entre le yin et le yang, je vais virer ma cuti et avouer que depuis qu'on a intégré notre nouveau lieu de vie, je me félicite *tous les jours* d'être restée mariée. C'est la lune de miel renouvelée avec mon Arno, et ça dure, au moment où j'écris ces lignes, la vigne plantée en arrivant a eu le temps de grimper jusqu'au toit. Le soir au lit, le moment le plus voluptueux de la journée, je me blottis contre lui, bien serrée contre son beau corps musclé de dieu grec. Si avant, on s'endormait emboîtés en cuiller, dans notre nouvelle chambre, bien plus petite et intime, je m'endors la tête entre son biceps puissant et son pectoral bombé que j'adore, sentant battre son cœur dans mon avant-bras posé sur sa poitrine… Me voilà enfin arrivée à un point dans ma vie où je peux m'appuyer sur l'épaule d'un homme, avec la profonde sensation de pouvoir compter sur lui.

D'une manière plus diurne, Arno a fait un pas en avant. Il a évolué vers une meilleure version de lui-même. Il est mieux ancré dans la vie matérielle et donc apte à se positionner et à s'engager dans l'action. Très concrètement, il est devenu syndic bénévole et prend en main les affaires de notre mini-copropriété : comptabilité, réparations, etc. Comme il s'occupe aussi des finances communes, il assume sa part de charge mentale de la gestion de la famille.

Si Arno est le miroir de mon animus, cela signifie que désormais, moi aussi, je suis capable d'une vraie action. Les noces alchimiques entre mon masculin et mon féminin ont été célébrées, ils sont vécus au-dedans, plus besoin de les projeter sur mon partenaire. Le couple est capable ainsi de dépasser le stade de l'athanor qui brûle nos scories, pour devenir une alliance entre deux individus libres et entiers. Notre foyer est redevenu ce havre de paix, de douceur et d'harmonie qu'il avait été avant la crise. Nous continuons à pratiquer cette « symbiose légère, éthérée et pas fusionnelle, dépourvue de domination », qui dans son temps a fait l'admiration de ma psy.

Pour ne plus nous perdre de vue, nous nous sommes trouvé des activités communes : la chorale, des conférences et des stages qui nous intéressent tous les deux. Comme Arno est musicien, il nous arrive de chanter ensemble. On se retrouve sur le canapé rouge du donjon, Arno et Nino prennent leur guitare et on apprend des chansons. En vue d'un mariage, nous avons beaucoup répété "So Happy Together" des Turtles, une scène presque kitsch !

I can't see me lovin' nobody but you
For all my life
When you're with me, baby, the skies will be blue
For all my life
The only one for me is you, and you for me,
So happy together!

D'un point de vue collectif, un couple uni est une force rayonnante, une base arrière qui peut accueillir des activités sociétales. Le mariage « n'est pas, n'a jamais été, ne peut être une affaire privée », selon Lévi-Strauss. Ainsi, nous aimons partager notre salon qui s'ouvre à la belle saison sur le patio. À part faire la fête tout court (c'est primordial et essentiel, vous diront les Roms, pour garder le lien social et réchauffer les relations familiales et amicales), Nino aime y faire des soirées (nos pauvres ados ont été spoliés de sorties pendant les deux ans de la guerre sanitaire), et c'est devenu un lieu de rencontres : le mercredi c'est la mini-chorale franco-slovène, parfois des réunions Solaris, activités pour enfants slovènes… Point d'orgue : afin d'encourager l'avènement du Nouveau monde, nous convions régulièrement des rencontres consacrées à la monnaie libre, la G1[45].

Et pour finir, mes lectures écoféministes m'ont convaincue que la guerre faite aux femmes et à la nature a non seulement définitivement évacué le mode yin – la réceptivité, la passivité et la contemplation – de nos sociétés occidentales, nous obligeant ainsi à avancer en sautant à cloche-pied, sur le seul pied du yang et de son activisme

45. https://monnaie-libre.fr/

agité. Alors qu'il serait normal de se servir des deux pieds pour marcher. Non, la chasse aux sorcières a fait pire : elle a introduit une méfiance fondamentale entre les hommes et les femmes, cette suspicion sous-jacente a créé une scission jusque dans les couples, car un individu seul est bien plus malléable par le pouvoir que deux personnes unies qui peuvent compter sur le soutien l'un de l'autre. Cette méfiance qui fait paraître la femme aux yeux de l'homme comme une perfide jeteuse de sorts et l'homme aux yeux de la femme comme un dangereux agresseur potentiel, est le fruit d'une propagande séculaire. Elle a fini par si profondément s'enraciner dans notre inconscient collectif que nul ne s'en rend plus compte. Elle fausse juste nos relations à notre insu. Il faudra retrousser nos manches pour la déraciner, pour soigner et guérir nos âmes. Le patriarcat ne nuit pas qu'aux femmes, les hommes en souffrent tout autant. Pour nettoyer les nombreuses couches de conflits transgénérationnels, il faudra sceller une nouvelle alliance entre les femmes et les hommes.

La première proposition de cette alliance serait : ne pas céder à la première bourrasque, rester ensemble et frayer un passage à l'amour. Comme l'invisible l'a inspiré un jour à mon JB lors d'une séance d'étiopathie :

Là où deux êtres se mettent ensemble
et dépassent la condition humaine
en s'unissant dans l'AMOUR,
là tout est possible !

Remerciements

Une pensée tendre pour Yves Michalon, et toute ma gratitude à mes éditrices, Anne Leclercq et Sophie Mairot, pour leur confiance, leur soutien et leur amitié, avec mention spéciale pour Anne, qui a fait de ma forêt vierge un jardin à la française.

Table des matières

Composition et mise en page :
Thomas Ragage

Dépôt légal : avril 2024
N° d'édition : 00287

Achevé d'imprimer en avril 2024 par Corlet Imprimeur - 14110 Condé-en-Normandie
N° d'imprimeur : 24030745 - Imprimé en France